改变，从阅读开始

漢唐陽光 · HTYG

考古四记

田野中的历史人生

郑嘉励／著

四川人民出版社

序

缪　哲

据《大品》（Mahavagga），摩揭陀国王频毗娑罗欲优礼佛陀，遂遣人为寻觅一佳处，供他与从者隐修；按国王的想法，它离城不要太远，也不要太近，可便于来往，俾众人皆得瞻礼；白天人不要太多，晚上没有噪动；无尘扰，寡轮鞅。……同样的话，也见于《小品》（Cullavagga）……这就不难理解何以今所知的重要的僧伽蓝（Sangharamas），莫不见于某大城之附近；何以城越大、越富，赖之而兴的寺院便越雄伟。这样在塔克西拉——旁遮普邦一度的边城，我们便有达磨拉吉卡（Dharmarajika）大塔与寺院；……在中印度繁庶的维迪萨城郊近，则又有桑奇的僧伽蓝。后者的壮丽的遗址——寺、塔、柱，便是本书的主题。

这是约翰·马歇尔（John Marshall）著名的考古报告《桑奇遗址》（1924）的开篇。它所散发的情致与温暖，是罕见于今天的考古报告的。在约之同时的、然较之为业余的考古报告中，又有更个人化的笔触。如斯坦因的三部新疆报告中（《古代和田》《西域考古记》与《亚洲腹地》），其作为考古－探险者的身影，便始终隐现着：他的勇武，他的焦虑，他的盘算，他初见希腊化风格遗物时的思乡之情。同样的笔触，也见于勒考克等人的新疆报告；乃至信笔所及，竟至佣工的争吵，与他对争吵的道德评判。盖由于当时技术、交通的落后，考古同于探险（西方称之为 expedition）；探险的艰辛、新奇与激动，便与考古发掘一道，扰动人的智力与感情，至临纸为文，不能自已，遂一并录入文中了。但随着物力日进和考古的专业化，当初的探险者，已变为今天的“考古工程师”；考古者的个人身影，则渐为专业中的不体面因素，是必欲去之而后已的。

但略知考古的人，都知道考古工作的内容，是与其他历史分支绝然有别的。如我从事的艺术史行当，人称是 armchair scholarship（书斋里的学问）。所以称“书斋”者，是这工作多在脑子里进行，无甚社会行为，也不大有书斋外的经验。考古则不同。挖人的庄稼，要给人补偿；刨人乡贤的坟墓，则须有感情的安慰；挖掘亦非土行孙行地，可一人承担；工作又非一日可就，挈妇携雏，不光专业不许，也苦了妻儿。这样考古者的工作，便介于村调解、包工头、野行者与人文学者之间；其所牵涉的人际协调、社会组织及二者所带来的书斋外的经验与感受，是其他学者不易想及的。这些内容，或惊险有未逮，论趣味及可借窥考古学的发展，则无殊斯坦因等人书中的“闲笔”。唯因见斥于专业要求的客观，这些社会与人性的侧面，便消泯于考古报告，幸赖一二考古学者的私人档案始得窥之。其中最著名的之一，乃是意大利米兰大学所藏的埃及考古档案，内含 19 世纪以来埃及学家在考古现场所作的大量书信、照片、日记与笔记；在记录考古信息的同时，也记录了当地风光、民情，与当地人的协商及交往，和对家庭、友人的思念等（Patrizia Piacentini, 2010, 2015）。除所包含的趣味与人性因素外，作为考古社会史的内容，这些资料固已成为西方学术史的重要话题（Margarita Diaz-Andreu, 2007）。

嘉励兄《考古四记》一书的内容，即多属于被现代考古报告所排斥的“闲笔”。它以随笔为体裁，记录了过去20余年间作者在浙江省内考古的部分经历、见闻及普通读者或乐于闻知的工作心得，故读过书稿后，便不禁想起早期考古报告中的个人性笔触，和米兰所见埃及考古档案中的日记、书信之内容。唯嘉励兄的专业领域是宋元考古，稍及明清。由于此时期文献记载的发达，考古的意义，便远不及早期的为重要；兼以宋代之后，江南不复为政治中心，社会亦趋扁平，故嘉励所做的发掘或调查，便多是村野小墓，实未尝有惊动天地的发现如罗塞塔石碑或良渚的城址。因此，这书吸引人的地方，原不在题材之显赫，而在叙事之得宜、文字的有致与文间所弥漫的人情世味。孟子说，“矢人惟恐不伤人，函人惟恐伤人”。人之所业，多影响性格；现代考古工作的工程化特点，往往泯灭人对世味的感受。嘉励兄为辅助发掘，颇留意发掘地方的掌故，对方志与乡邦文献，又尤所用心。而这些，乃近于现代考古兴起前的古物学家（antiquarian）的志业。故由文字之内容，推考其学术性格，嘉励兄的趣味，似介于现代考古学家与古代古物学家之间，宜其文字有致、必为普通读者所乐读了。对学术界的兴趣而言，他所记录的信息，虽不尽关乎重要发掘，但考古工作的日常机制，与普通考古者的日常工作之内容，今人或视以为常，将来则未尝不是隐秘的知识，须仰赖一二有心人的记录方可取得——如米兰埃及学档案所见者。到了那一天，嘉励兄的这册小书，我料必是其中的一种。

目录

品物记

怀人记

寻墓记

寻墓记

自2006年起，我在浙江从事宋元明墓葬的调查与发掘，曾经主持过武义南宋徐谓礼墓、黄岩南宋赵伯沄墓、武义明招山吕祖谦家族墓地等重要墓葬的工作。2017年2月，我在“一席”所作题为“寻墓记”的演讲，是我多年来对浙江南宋墓葬的框架性思考。唯囿于时间所限，话题未能充分展开。

从接到“一席”邀请那天起，对公众讲什么内容，颇费思量。后来，我决定放弃考古生活八卦、工作花絮、重大发现的叙述模式，选择了几乎“纯学术”面向的话题。这是冒险的决定，但值得尝试。演讲中诸如“我是一名考古工作者，上班就是上坟”之类的段子，虽为活跃现场气氛临时加入，貌似自我调侃，其实也算客观描述，因为对一个考古工作者而言，古墓葬确实是日常工作中最常遇见的文物类型。

我决定整理演讲稿，丰富其细节，完善其表述。生活段子之类，或有媚俗之嫌，一律删去。演讲中偶尔夹杂的闲笔，以见我对生活、社会一贯的温和嘲讽，绝非刻意“媚雅”，则仍其旧，以酌情保留说话时的机锋与口语痕迹。

一　地下墓室

南宋墓葬的地下墓室，有三种类型：土坑墓，砖室墓，砖（石）椁石顶墓。

土坑墓，从地面竖直向下挖出的长方形墓坑。这种形式，古今通行。在浙江，距今六七千年前的马家浜文化即已出现。

砖室墓，土坑里面包砌砖室，其上设置半圆形拱顶，即砖室券顶墓。在浙江，滥觞于新莽时期，东汉中期后逐渐盛行，为历代承袭。

砖（石）椁石顶墓，先在土坑里面包砌砖室或以条石砌筑石室，其上覆盖以横贯的石板，呈长方体“盒子”状。这种墓室，约于北宋中期前后在江南出现，至南宋，蔚为主流，成为最具代表性的形式。大理学家朱熹为长子朱塾治丧，即采用此种墓室，“其圹用石，上盖厚一尺许，五六段横凑之，两旁及底五寸许。内外皆用石灰、杂炭末、细沙、黄泥筑之”（《朱子语类》卷八十九）。

石椁石顶墓，不求体量大小，但求“盒子”能容棺即可。《朱子语类》载朱熹与弟子问答，以为“墓圹仅可容椁”可免盗掘之灾。但是，石顶墓讲究深埋、坚固、密闭与防腐。

江南“水浅土薄”，地下水位高，深埋与防水是一对矛盾。朱熹在福建泉州、漳州所见墓多浅葬，但时人并不普遍认同，以为“盖凡发掘者，皆以浅葬之故”，若遇洪水泛滥或土地耕作，浅葬更易遭到陵谷变迁。既要深埋，又要防水，墓室必求密闭。

如何密闭？墓室不大，置入棺木后，室内空隙有限。在空隙中注入“三合土”，黏土、石灰、沙子，拌以松香、糯米汁等，把墓室整体浇灌于地下。朱熹称之为“灰隔”，《朱子家礼·葬礼》“作灰隔”条：“穿圹既毕，先布炭末与圹底筑实，……石灰得沙而实，得土则粘，岁久结为全石，蝼蚁盗贼皆不能进也。”朱熹是孔子以来中国最伟大的圣人，讨论南宋社会礼俗，以他做例子，有其典型性。

密闭既为防水，更为防腐。三合土即古代的“水泥”，一旦板结，墓室与外界完全隔绝，若未经盗扰，墓内的一切将完好保存。江南宋元明墓葬，时常可见完好如新的棺木、随葬品，甚至木乃伊，全拜“灰隔”技术所赐。武义南宋徐谓礼墓、黄岩赵伯沄墓，均为其例。

防腐与保存死者尸骨的想法，与“孝亲”观念有关，将祖先遗体（坟墓）赋予同祠堂一样的功能，成为维系家族延续的象征，也与“魂魄”观念有关——魂是精神，魄是肉体。

密闭的墓室，确保逝者“魂”得安宁、“魄”获不朽，方能庇佑子孙。“灵魂不灭”是丧葬的核心观念，墓葬形制、结构之种种，多与此相关。因为先人灵魂可以干预人间的生活，坟墓不只为死者而设，更为生者的福利。

二　随葬品

如果只能用一个关键词形容南宋墓葬特征，那就是“世俗化”。世俗化，首先表现在随葬品上。

随葬品多为墓主人生前的服用玩好，通常直接反映他的趣味与价值观。江西星子县陶桂一墓，墓主人生前从学于“朱文公（熹）门人弘斋李文定公燔”之门，淳祐七年（1247）中进士，曾任庐山白鹿洞书院山长。棺内尸骨为衣物层层包裹，还随葬有北宋邵雍《邵尧夫先生诗全集》《击壤集》两种书，显然是其生前喜爱的读物，除此别无长物。据墓志称，陶桂一安贫乐道，“其生也衣董京之衣，其死也卧黔娄之衾，其殓也随平生服用，外覆以深衣而已”，俨然醇儒气象。

赵伯沄墓，墓主上身、下身各有八重衣物，尸骨与棺木之间，塞满衣物，以防止尸体在棺内晃动，除此还有随身的玉璧挂件和一面铜镜。赵伯沄系宋太祖七世孙，嘉定九年（1216）卒赠通议大夫，亦仅以随身衣物、玩好随葬。

徐谓礼墓，2005年被盗，出土告身、敕黄、印纸等文书17长卷，为国内首次出土的系统的南宋文书，轰动宋史学界。徐谓礼卒于淳祐六年（1246），官至朝散大夫、提举福建市舶兼知泉州。据盗墓者供称，除文书外，还出土毛笔、砚台、水晶镇纸、镇尺、印章等物。徐谓礼出身名门，因父荫入仕，乃父徐邦宪系南宋名臣。文房用品、印章等物，正是其日常生活的写照，也是文人“合理”的生活方式，而以文书随

• 武义南宋徐谓礼墓内棺木刚出土时情景，其墓室采用砖椁石顶的形式。

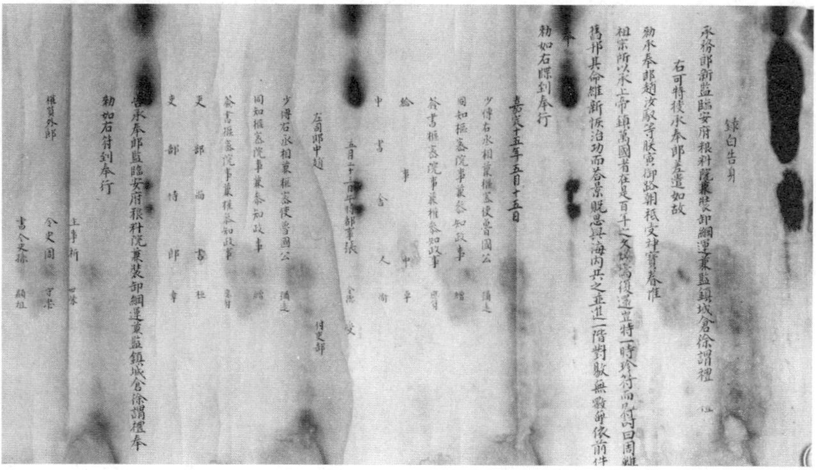

錄白告身

右可特授承奉郎差遣如故

勅如右牒到奉行

嘉定十五年五月十五日

勅如右符到奉行

• 徐谓礼墓出土的《告身》文书（局部），是徐谓礼生前历任官阶的“委任状”汇抄，作为其官员身份的凭证。

葬，著其毕生仕宦履历，更是文官典型的生活趣味。

浙南丽水山区、江西等地宋墓，多随葬龙虎瓶、陶俑等明器神煞，牛鬼蛇神，大有巫风，在“外行人”看来，文物既美且多。而杭州、宁绍地区的文人品官，反而不随葬明器，倘若保存欠佳，墓内衣物、书本朽尽，人们还以为是穷人家的“空墓”呢。其实，这正是杭宁绍地区文化发达、人们遵循儒家礼俗、对死亡抱持更加理性态度的结果。《朱子家礼》明确反对随葬明器，认为无用之物，“虽不用可也”。

世俗化的另一个表现，是墓葬等级制度的模糊。

考古学家研究古墓葬，有两大传统课题，一是分期编年，一是等级制度。中原商周大墓，甲型墓、乙型墓，四墓道、双墓道墓室的规格大小，随葬品多寡丰俭，九鼎八簋或七鼎六簋，均有明确的身份标识意义；汉代天子、王、侯陵墓的规格与随葬品，同样等级森严；学者研究唐代县令墓葬，也能找出若干规律性、制度性的内容。

至于南宋，等级差异就完全模糊了。

如龙游县余端礼墓（余端礼，宋宁宗朝官至左丞相，是当时一人之下，万人之上的人物），墓室为砖椁石顶，壁面无装饰，尺寸亦无过人之处，不过两米来长、一米来宽的盒子。又如金华县王淮墓（王淮是孝宗朝左丞相），砖椁石顶墓室，亦仅能周身而已。而民间的豪强，假如财力雄厚、子孝孙贤，也许都可以把墓室营造得更大，而显贵如王淮、余端礼者，反而只是仅可周身的小盒子。

人不分贵贱贫富，百年以后，确实享用不了多大的面积。至于现代人的骨灰盒，恐怕就更小了，盒子越小，体现社会文明程度越高。对不对？

三　地表墓园

墓室与随葬品，只是墓葬地下的一部分。从这部分看，等级制度确实模糊。事实上，一座完整的南宋墓葬，地表更有墓园建筑、墓仪

• 云和正屏山墓园，是较为典型、保存较好南宋墓园形式。

石刻等等。

由于年代久远，地表建筑荡然，而考古发掘又多出于临时，过去的发掘者多以掘取墓坑为务，而弃墓园遗迹于不顾，致使大量文物信息遗漏。其实，地下墓室只是一小部分，更多的学问还在地表。墓室是给死人用的，而墓园气派的观瞻是给活人看的。活人比死人重要。

南宋墓园的基本模式，呈“以中轴线分布、多级台地逐级抬升、主要建筑设施位于中轴线上、墓室居于中轴线末端”的平面格局。例如云和县正屏山南宋墓，墓室位于末端的最高一级台地，其上覆以馒首状封土；墓前设有祠堂，以供奉墓主人的神位；墓地周边，可能还有墓道、墓庐、坟庵等设施，构成相对完整的墓园。

上述墓园形制，在南宋后期成熟而定型，且不分贵贱通行。不同的墓园，只是局部设施有所增损、形式略有差异而已。

平民与品官墓园，其区别不在于台地、封土、祠堂等设施，而在于墓仪石刻、功德坟寺之有无。墓道石像生、神道碑的配伍，具有身份等级标识。《宋史·凶礼》规定诸臣丧葬“坟所有石羊、虎、望柱各二，三品以上加石人二人”。又，高等级品官坟墓建于寺院附近，并由朝廷赐额，作为墓主人的功德坟寺，为其荐福亡魂。石像森严、丰碑巨制、功德坟寺是身份象征，于民间关防甚严，理论上，为平民者不可僭越。

然而，南宋终究是个等级社会，等级的所谓“模糊”终有限度。肉眼看不到的地下容或模糊，而观瞻所系的墓园，仍有明确的等级之别。

• 鄞县东钱湖南宋史诏墓道及石像生。

四　风水择址

独立而完整的墓葬，除了墓室、随葬品与墓园，还包括墓地所处的自然、人文环境。

堪舆术（“风水”之名，相对晚出，名异实同），历史悠久，流派众多，内容复杂。过去，学者多以其荒诞不经，采取孔子对待鬼神的态度，“敬而远之”。其实，风水术之于古墓葬，是绕不过去的核心议题。

关于宋元时期南方系统的堪舆术，后人多引明代义乌人王祎《青岩丛录》的说法：“堪舆家之说，原于古阴阳家者流。古人建都邑、立家室，固未有不择地者。而择地以葬，其术则本于晋郭璞所著《葬书》二十篇……后世之为术者，分为二宗：一曰宗庙之法，始于闽中，其源甚远，至宋王伋乃大行。其为说，主于星卦，阳山阳向，阴山阴向，不相乖错。纯取五星八卦，以定生克之理。其学浙闽传之，而今用之者甚鲜；一曰江西之法，肇于赣人杨筠松、曾文迪，及赖大有、谢世南之逸辈，尤精其学。其为说，主于形势，原其所起，即其所止，以定位向。专指龙、穴、砂、水之相配，而他拘忌，在所不论。其学盛行于今，大江以南无不遵之者。”

江南风水，主要有江西的“形势派”与福建的“理气派”，二者均本于东晋郭璞《葬书》，尤以形势派为绝对主流。

“葬必择地”，东晋郭璞《葬书》倡导“遗体受荫”说，死者遗骸得“气”，则福荫子孙，富贵贫贱，贤愚寿夭，莫不与此相关。如何使遗骸得气？《葬书》认为“葬者，乘生气”，墓穴应卜址于“生气之地”。生气在地下流动，枝枝杈杈，在某些地点，汇聚起来。“气乘风则散，界水则止”：风一吹，气就散了，遇到水，则气聚不流失。

形势派风水，讲求“龙、砂、水、穴”四大要素。墓穴所在，后背有靠山，来龙之山，是为“龙”；左右山峦回护，前方是一片相对开阔的旷地，远处又有案山照应——左青龙、右白虎、前有案，是为“砂”；墓地像一把安稳的太师椅，前有河水迤逦而去，是为长流“水”。

在南宋堪舆家看来，背风、向阳、面水、藏风、纳气的“怀抱之地”，适合建墓。在现代水利专家看来，也适合建造水库。藏风纳气之地，溪水四季长流，只消在前头拦道水坝，便成水库，简直天造地设。

赵伯沄墓，墓前是长潭水库；湖州风车口宋墓，墓主人赵子偁是宋孝宗皇帝生父——高宗不育，即位的孝宗是从太祖支宗室过继来的——墓前有风车口水库；金华郑刚中、王淮墓，也有水库；洪咨夔，理学家，临安府于潜县人，今为临安县于潜镇，我曾慕名前往调查墓址，毫无所获，墓地已在早年建设水库时淹没。

在“形势派”理论指导下，有力之家寻求完美风水，追求独立、封闭的怀抱之地。“理气派”风水，说法固然有异，但落实到具体选址，墓地形态又与“形势派”接近。于是，理想墓地的形态就会高度趋同，这严重制约了宋墓的发展方向。

墓室、随葬品、墓园、风水择址，综合考量，这才是物质形态上比较完整的南宋墓。果如此，我们有了“形而下”的基础，然后，从此出发，从小到大、由点及面，逐步触及更加“形而上”的话题。

五　夫妻合葬

中国传统家族社会，崇尚生前聚族而居、死后聚族而葬，即所谓“生同室，死同穴”的理想。

家族，由家庭构成。家庭，由夫妻、父子、兄弟构成。夫妻，是家庭的首要因素。说合葬，首先是夫妻合葬。

考究一点的南宋墓，多为夫妻合葬墓。双穴并列的长方形墓室，夫居左穴，妻居右穴。比如赵伯沄夫妻合葬墓，砖椁石顶的双穴墓室，男左女右，中间以隔墙分开。

有的隔墙上开有“小窗”，夫妻的灵魂在地下由此相通。苏轼《东坡志林》称为“同坟而异葬”或“同垅而异圹”，是“最为得礼”的夫妻合葬形式。夫妻死有先后，葬后死之人，如见先死之人尸首腐败，恐伤孝子之心，两圹之间开小窗则能满足“彀则异室，死则同穴”的要求。同坟或同垅（垄），坟或“垄”，本义指墓上封土，即两圹同戴一个封土。

有的左右夫妻两圹，略有高下错落，夫圹较妻圹高出一头，如龙游寺底袁墓例。墓室左右并列，表明夫唱妇随、相敬如宾，而“左高右

• 龙游寺底袁南宋墓，夫妻合葬的左、右墓室，高下错落。

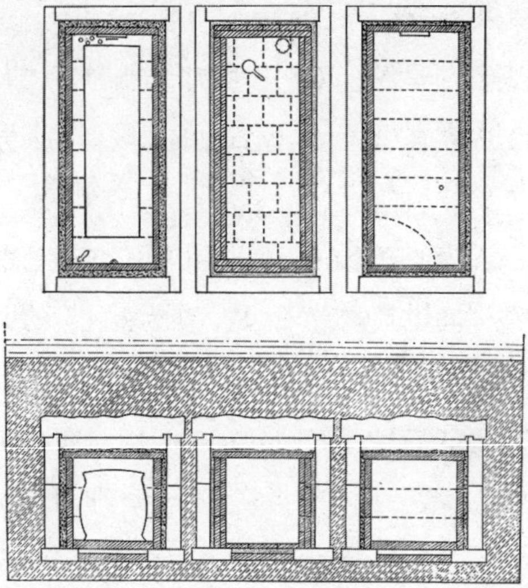

• 福州南宋赵与骏夫妇墓。

低”的位次安排，又不失男尊女卑的分寸，宜乎其自诩为“最为得礼”也。

假如丈夫先后有原配、继室两任妻子，原配夫人位于丈夫右侧，夫妻之间，依然首先遵循“男左女右”的顺序。继室只能在丈夫另一侧，添葬一圹。如福州南宋赵与骏夫妇墓，原配黄昇墓室保存完好，出土大量衣物，如今仍为福建博物院的重要藏品。该墓坐南朝北，赵与骏淳祐九年（1249）卒葬中室，原配黄昇淳祐三年（1243）先葬东室，继室李氏淳祐七年（1247）葬于西室。

还有另一种情形，如桐庐象山桥南宋墓所示：丈夫居中，原配葬其左首下，继室葬其右首下，三穴位次，各有高下错落。正如元人赵昞《族葬图说》：“其墓居茔之中北首，妻没则祔其右。有继室则妻居左而继室居右，二人以上则左右以次而祔焉”，因为“《周礼》昭穆之制，昭穆尚左，故不得不遵用焉”。以《周礼》昭穆之制，安排墓穴位次，元明时期在江南大行其道，但由象山桥南宋墓观之，其源头或可追溯至南宋时期。

• 桐庐象山桥南宋墓，丈夫居中，原配葬左首下，三穴位次，各有错落，呈现“昭穆葬”的形式。

昭穆，是复杂的、流动的历史概念，不同的经学家对此有不同的理解，更有不同的实践。昭穆的理解，可有狭义、广义之分。狭义的、严格意义上的“昭穆”墓地，即北宋大儒程颐有感于当时“不分昭穆，易乱尊卑”的状况，在《葬说》中提出的“葬之穴，尊者居中，左昭右穆，而次后则或东或西，亦左右相对而启穴也”的“昭穆葬法”，即以尊穴（祖坟）居中，次穴与卑穴，依次形成左昭右穆的形态；而广义的、宽泛意义上的“昭穆”，落实到具体的墓地中，就是在合葬活动中以墓穴位次的区别，规范不同人之间的身份差异与长幼尊卑，所谓“昭穆次序”即“尊卑次序”的别称，“昭穆原则”即指宽泛的伦理层面的“尊卑原则”。

严格按照程颐的定义来规划位次的墓地，在南宋极其罕见；如果把

“昭穆”广义地理解为“尊卑”，那么，这样的墓地则是大量存在的。宽泛一点的定义，也许更符合宋人的观念。

照此定义，夫妻合葬的位次安排，就体现了“昭穆启穴”的原则，即以位次区别身份差异。墓地之中，众人之间，昭穆秩然，宛如生前聚首于一堂。

需要说明的是，姬妾不属于正式的婚姻关系，并无“妻”之名分，原则上，不与男主人合葬。

六　父子合葬

夫妻，是同代人合葬。父子，是两代人合葬。

温岭市新河戴氏家族墓，依山而建，三座双穴券顶砖室墓，凡六圹，各圹紧邻，一字排开，共用一个封土（垄）。正中两圹，为戴忱及妻林氏合葬，夫左妻右，戴忱“淳熙已酉（1189）葬于太平乡湖湾之原”；左下两圹，为长子戴勋夫妻，出土墓志称其“祔葬于太平乡湖湾先茔之原”，这里的“先茔”仅指考妣坟墓，而非广义的祖先墓葬；右下两圹，为次子戴温夫妻，墓志称其“祔葬于太平乡湖湾祖茔之右”。

这是科学发掘的父子合葬墓例，形象地展现了家庭中“夫妻一体、父子一体、兄弟一体”的次序原则，也可见“同垄”合葬，通常践行“昭穆启穴”原则。

事实上，共用封土的“同垄”合葬并不多见。余姚县赵善隆夫妻墓，据出土《赵善隆妻胡氏圹志》，胡氏于淳祐七年（1247）“葬于余姚县云楼乡臧湖之东湾，考妣之兆亦在湖之原”。显然，赵善隆与其生父的坟墓，各有独立的形态，只是同处一片高丘（原）而已。相对于小空间的同垄合葬，“同原异垄”更加普遍。这种较大地理空间的合葬，

• 温岭新河戴氏家族墓，六穴一字排开。

宋知樞密院兼參知政事守觀文殿學士金紫光祿大夫提舉洞霄宮[illegible]
少師何公諱澹字自然世籍處州龍泉徙居麗水曾祖執文承奉郎江淮[illegible]
司主管文字贈太保祖志寧朝奉郎尚書主客員外郎贈太師周國公父[illegible]
請郎福建提舉贈太師楚國公妣楚國夫人石氏先公紹興十[illegible]年八月二十
五日丑時生于杭之於潛縣年十八入太學越三載魁南宮登乾道二年進
士第特本生父秘閣心制制滿授信州教授未赴除武學諭召試除正字兼國
史院編修實錄院檢討官陞校書郎丁楚公憂服闋以故官召陞秘書郎復兼
國史院編修官兼權工部郎官陞秘書丞陞著作郎兼東宮小學教授皇
孫以平陽王就第改兼王府教授除將作少監陞監除國子司業陞祭酒充賀
金國生辰使除兵部侍郎兼實錄院同修撰會寶主殂就充接送伴使光宗
踐祚除右諫議大夫兼侍講同知紹熙元年貢舉陞左諫議大夫除御史中丞
中心制制滿以煥章閣學士知泉州避嫌改明州 今上龍飛復召爲中丞兼
侍讀除同知樞密院除參知政事同提舉勅令除知樞密院兼參知政事監修
國史以正論忤權臣連丐去 上諭留再三以西陲戀切除資政殿大學士知
太平州請祠提舉洞霄宮詔知福州進觀文殿學士再任求解郡組移知隆興
府辭不行以觀文奉洞霄祠被召力控免復奉祠 聖化更新和議甫定流移
未復詔知建康府兼江淮制置大使丁楚國太夫人憂免喪除知江陵府兼京
湖制置大使請免再四以故職奉祠繼乞引年累疏不俞嘉定十二年臘月因
感寒疾初六夜三鼓薨于私弟享年七十四遺奏聞 上輟視朝一日贈少師
賜銀絹五百匹兩官其後如格以外孫王珉添差處州司戶設奠事積階金紫
光祿大夫縉雲郡開國公食邑實封合一万一千戶娶柴氏左丞謂之孫女封
河南郡夫人子四人寬仁朝散郎直秘閣主管成都府玉局觀處禮朝散郎前
江東提刑司幹辦公事處智奉議郎前浙西提舉司幹辦公事處信宣教郎新
浙東安撫司主管機宜文字女一人先公三年卒適朝散大夫前知嘉定府王
駒孫男宗房宗裴宗姚宗宋並承務郎女孫五人十四季閏月十二壬辰葬于
[illegible]處州鳳凰山之東距楚公塋五里從先志也先公自壯歲登朝以正直敭[illegible]
歷 孝宗殊遇 光宗御極居臺省以風節聞 今上眷禮舊學進歸政地[illegible]
始終三朝忠不顧身率以承忌權奸抱道退處垂[illegible]年名偶金御無[illegible]
可謂死生[illegible]福備矣國史[illegible]本末具紀實[illegible]此誌書世系[illegible]
月[illegible]表[illegible]朝奉郎江淮等路都大提點坑冶鑄錢公事郎[illegible]知[illegible]

•《何澹圹志》拓片的末尾，注明墓地距离父母坟墓“楚公茔五里，从先志也”，这是何澹生前的决定。

因为南方多山的地形，恐怕就难以严格遵循“昭穆”原则。

考古发掘中很少见到父子合葬墓，“异茔”是重要原因。各墓之间，相隔较远，各自独立，甚至互不相望，而允许考古发掘的范围，通常有限。

徐谓礼夫妇墓，据《徐谓礼妻林氏圹志》载“淳祐戊申（1248）十一月二十九日壬申，葬于长安乡祖陇之侧”，明确交代其墓位于“祖陇”也就是乃父徐邦宪墓附近。

徐谓礼墓因出土大量重要文书，考古工作者自然不敢怠慢。但经过全面勘探，徐墓方圆几百米范围之内，并未发现任何同期墓葬的痕迹。而据明清《武义县志》，徐邦宪墓位于武义县城壶山，早年曾出土墓碑。可知徐邦宪与徐谓礼墓之间，直线距离约有五里之遥，《圹志》竟然说成“祖陇之侧”。这说明宋人常有“父子合葬”的观念，但在实际中又不真正执行。

宋人墓志末尾，偶尔会标识墓地所在地与祖茔之间的距离信息，如丽水通济堰出土南宋《何澹圹志》，称其“葬于丽水县凤凰山之东，距楚公茔五里”，楚公茔即乃父何偁墓。其实，何偁、何澹父子墓之间，有宽阔的大河阻隔，实际感受的空间距离远较字面上的“五里”为远。这也说明何澹有“父子合葬”的观念，然未严格执行。

这是因为他们各自追求完美的风水，按照“形势派”的标准寻求“怀抱之地”，犹如水利专家寻找适宜建造水库的地点，势必制约合葬墓地的形成。浙江汉六朝墓地，墓葬通常呈现密集分布的形态，只要发现一座汉墓，周边就能出土一群汉墓。而高规格的南宋墓葬不同，绝不扎堆分布。

南宋父子合葬墓的少见，更因为时人对堪舆风水的拘忌。

台州临海县的黄之奇，淳祐十二年（1252）葬于“黄泥山”。其子黄处恭夫妻合葬于元至元十五年（1278），墓葬另在一个叫“茶坑”的地方。至元辛卯（1291），据说茶坑风水不佳，“未惬舆论”，万不得已，只好迁回黄泥山祖茔黄之奇墓附近（参见丁伋点校《临海墓志集录》）。

温州博物馆藏《王克俊圹志》，志主卒于嘉泰三年（1202），临时葬于永嘉县孝义乡的父母坟墓旁，三十多年后的绍定六年（1233），终于觅得理想的葬所，于是改葬到“奚师奥”地方。由于暂时未得吉地，权宜埋入祖茔，一旦条件成熟，即从祖茔迁走（参见吕濒整理《温州博物馆藏历代墓志辑录》）。

一正一反的事例，恰好说明，在宋人看来，世俗的、功利的风水观念，大于儒家伦理的合葬观念。

两代人合葬，尚多拘忌。三代人、四代人、多代人合葬，若要付诸实践，势必更加困难。南宋的多代人合葬墓地极其罕见，偶或见之，通常都有特殊的情由。

七　多代人合葬——族葬

何为家族，何为族葬，是聚讼纷纭的问题。

中国家族的基本结构是“五服制”，“服制”是一个伸缩的同心圈，越接近内圈的成员血缘越近，日常生活关系也越密切，最亲密的家庭，不但同居，而且共财。至于多少代人同居，才算族居，多少代人聚葬，才算族葬，不同人有不同的定义，我无意纠缠于此。毋庸讳言，所有概念都是人为创造的，符合历史实际状况、有助于揭示历史真相的概念，就是好概念。

基于南宋的实际状况，我对家族墓地的定义是，同曾祖父（或同祖父）、三代人或三代以上家族成员的合葬墓地，即可称“族葬”。这种家族结构接近现代人类学由祖、父、子组成的“主干家庭”概念，如果非要以更高标准的“家族”定义来苛求，恐怕就无法讨论江南“族葬”问题了。

温州瑞安县项公泽家族墓，为四代人聚葬墓地。淳祐年间，项公泽任苏州昆山县令，编修《淳祐玉峰志》，至今存世。在 20 世纪 50 年代的生产建设中，四代家族成员的墓志，几乎全部出土，今收藏于温州市博物馆。据记载，项公泽家住瑞安城内，咸淳九年（1273）前后，在瑞安县帐西乡蒋奥潭头地方，已形成包括项公泽祖父、父母、兄弟、子侄等四代人墓地。宋元鼎革后，项家从县城徙居墓地附近落户，家族成员续有入葬。

其墓地形态，据项公泽为其子项琎撰写《墓志铭》：“余祖、父及妻与弟，三世俱葬于帐西乡蒋奥潭头，同原异垄，茔相去皆数十步。今得卜于对山，特隔一溜，相望咫尺。庶俾之神游密侍，亦子孙时思复扫之便云。”所谓“同原异垄”，指各墓独立分布，但处同一高丘；“茔相去皆数十步”，宋制一步，约合今 1.5 米左右，各墓之间，相距十几到二十米不等；“今得卜于对山”，项琎墓竟然位于祖墓的对山，彼此相望，因为山地的地形制约，各墓位次安排，显然未能遵循“昭穆启穴”原则。

项氏一家的集体选择，首先为了合族聚葬、生死同心的理念，即所谓“神游密侍”，其次为了子孙上坟墓祭便利，即所谓“子孙时思复扫之便”。也许另有原因，不好明说，就是集约化用地的需要：好风水是有限资源，非有大财力、权力者莫办。入元后，项氏家道中衰，集中埋葬不失为一种经济的选择。

20 世纪 80 年代，宁波鄞县洞桥镇孙王村，集中出土十二通墓志，系三代人合葬墓地。王瑞及妻周氏合葬于开禧元年（1205），子一人：王鈜；王鈜，子四人：规、岘、觋、观。祖孙三代及各自妻室，凡十二人，全部聚葬于“鄞县光同乡仲夏里黄栀汇”，墓地前后延续45年。王氏为布衣家族，但子弟多有“业儒”者。照墓志上说，聚葬祖茔是各自“从先志也”的自觉选择（见章国庆《宁波历代墓志碑碣汇编》）。

王氏墓地未经科学发掘，具体形态无法确知。但从《王岘墓志》“葬于仲夏里黄栀汇，祖茔在望”句判断，也是“同原异茔”合葬。

这是小空间的、密集分布的“同原异茔”墓地，唯其如此，所有墓志才能在生产建设时集中出土。各墓位次，适应具体地形，灵活多变。总之，只是相对集中的“松散型墓地”。

另有大空间的、“异原异茔”墓地，各墓之间距离更远，但也无妨视为家族墓地。丽水县通济堰附近的堰山，南宋中期后为何澹家族占有。何澹官至参知政事，是“庆元党禁”前后的风云人物，事迹具《宋史》本传。何澹乡居期间，介入通济堰事务，将堰山占为私有坟山。

方圆十几里的堰山内，何偁、何澹、何处仁祖孙三代，俱葬于此。据民国《屿湖何氏宗谱》《清源玉溪何氏宗谱》，非但何澹一系，何澹弟弟何涤系子孙，亦葬于堰山，形成规模宏大的家族墓地。虽然多数墓葬尚未发现，但无妨说，堰山范围内的南宋后期墓，十之八九，均为何氏家族成员，异姓人家难以插足这一片绿水青山。

何偁、何澹、何处仁等墓，1959年经过考古发掘，各墓相距遥远，各有独立、封闭的地理空间。堰山是何氏家山，按理说，墓地的规划完全可以操之在我，然而其家族墓地绝无统一规划的迹象。诸墓各自便宜行事，各自寻求好风水，毫无分布规律可循。相对于瑞安项公泽、鄞县王瑞家族墓地，这只是更大地理空间的“松散型墓地”。

江南的多代人聚葬墓地，并不多见。今就我所见，勉力举出三例，均为松散型墓地，与中原地区世代延续、规划谨严、秩序井然的士大夫家族墓地如北宋洛阳富弼、陕西蓝田吕大临家族墓地者，迥然不同。如果我们以中原家族墓地的标准来审视江南，就可以推导出一个结论——

江南无族葬。

“江南无族葬”也是古人的说法，元末明初大儒宋濂《宋学士文集》卷三〇《赵氏族葬兆域碑铭》说：“盖大江以南拘泥于堪舆家，谓其水土浅薄，无有族葬之者。”

八　江南无族葬

举两个例子，足以说明“江南无族葬”。

宁波鄞县史弥远家族，可能是南宋史上最显赫的家族。史浩、史弥远、史嵩之，“一门三丞相”，史弥远、史嵩之更是权倾天下的独相。“满朝朱紫贵，皆为四明人”，当其盛时，他们当然有能力在家乡实践“聚族而葬”的意图。可是，实际状况绝非如此。

史诏—史师仲—史浩—史弥远—史宅之一系：史诏墓在鄞县东钱湖镇绿野岙村、史师仲墓在横街村吉祥安乐山乌竹坪、史浩墓在吉祥安乐山采坑、史弥远墓在大慈山北麓，在空间上，各自独立。史木—史渐—史弥忠—史嵩之、史岩之—史玠卿一系：史木葬鄞县世忠寺；史渐葬上水村凤凰山南麓，即今东钱湖南宋石刻公园所在；史弥忠墓在五乡宝幢王坟山；史嵩之墓在慈溪县石台乡，即今余姚大隐车厩山，2011年因遭盗掘，曾经抢救性考古发掘，距离其祖父史渐墓约30公里；史岩之葬“绍兴府余姚县龙泉乡”，即今慈溪横河镇梅湖水库；史嵩之长子玠卿葬“慈溪县金川乡东麓之原”。各墓之间，互不相属，距离遥远。

江南无族葬，一方面因为江南“卑湿之地”，气候、地貌条件与中原迥异，难以实施族葬。元代奉化籍学者戴表元，以其祖墓为例，说“江南山稠水迫，难用中原昭穆为穴，穴多者惟以砖桴隔分左右”（《剡源文集》卷四《中枝山葬记》）。另一方面，更重要的原因是时

• 史弥远墓道及墓前祠堂。

人囿于“形势派”风水教条，各自追求独立墓地。如前揭宋濂所谓：“盖大江以南拘泥于堪舆家，……无有族葬之者。”两人的说法，不啻表明江南无族葬。

朱熹，南宋第一圣贤，别看他道貌岸然，他也不曾选择族葬。

朱熹的祖父朱森，墓在福建政和县莲花峰下，祖母程氏，墓在政和将溪铁炉岭。朱熹的父亲朱松，初葬崇安县（今武夷山市）五夫里，后改葬崇安上梅里，朱熹生母祝氏墓，在建阳县天湖之阳。朱熹夫妇墓，在建阳九峰山。朱熹长子朱塾，葬于建阳县另一个地方；次子朱埜，又埋在建阳别的地方；三子朱在，墓在建安县永安寺后。更有甚者，朱熹的祖父母、父母，居然均未完成夫妻合葬。

这是朱子迷信风水的缘故。时人方大琮《铁庵集》明确指出：“惟朱文公最喜风水，韦斋（朱松）、祝氏皆别葬，文公又自葬唐石，门人执绋者数日乃至，水心（叶适）笑之，谓其多占风水。”

作为一代大儒，朱熹说儒家看待生死，以为“气聚则生，气散则死，顺之而已”，批评佛家、道家“老氏贪生，释氏畏死”（《朱子语类》卷一百二十六），貌似通达。其实，死生之大，至少从墓地选择这一点来看，朱子同样也未能参透。

朱熹《朱子家礼》，对祠堂礼、冠礼、婚礼、丧葬礼、祭礼，做过大量条理清晰、切实可行的整理工作，用以指导一般士庶的日常生活。《家礼》对后世影响巨大，明清时代几乎成了指导家庭伦理纲常、日常生活的基本准则。在所有人生礼仪中，以丧葬礼为最重要、最复杂，堪称一切人际关系的总和。在《家礼》中，丧葬礼的篇幅也是最大的，然而朱子对最能反映儒家伦理价值的“族葬”却只字未提。这不奇怪，朱子本人就惑于风水不愿族葬，己所不欲，又怎能指导别人呢？

朱子迷信风水，铁证如山，其对儒家合葬伦理造成的困扰，颇令后儒难堪。据明温州永嘉人项乔《游九鲤湖武夷山纪事》，嘉靖十六年（1537）项乔曾游历建阳考亭朱子晚年故居，当地传说朱子善择地理，“其葬韦斋（朱松）、祝氏及所自择葬三地”，项乔为朱子辩护，说其故宅“虎高于龙，主低于案，则未必然”，子孙之所以昌盛，“皆公一人盛德所钟也”。然而，朱子的行径终究无法辩护，后来，项乔著《风水辨》时，终于承认朱子“兆二亲于百里之远而再迁不已”的做法不足为训，其重风水如此，后世子孙受荫，不过世袭五经博士而已。而孔子一族，世代合葬“孔林”，子孙世世为衍圣公，福荫之报，反胜于朱子。

九　中原族葬墓地

史弥远、朱熹家族的例子具有典型性，可据此判定江南无族葬传统。但与此同时，中原士大夫家族却有着悠久的族葬传统。比如河南安阳北宋韩琦、洛阳北宋富弼、陕西蓝田北宋吕大临家族墓，近年经过考古发掘，均为世代延续、精心规划、秩序井然的家族墓地。

北宋韩琦家族墓地在“南水北调”工程中发现，其中处于南水北调工程干渠范围之内的五座墓葬，可分为两组：西侧一组M1（韩琦及妻安国夫人崔氏墓。M是“墓”字汉语拼音的首字母）居北，M3（韩琦长子韩忠彦及妻墓）、M2（推测为韩琦次子韩端彦墓），东西并列在其西南；东侧一组M4（韩琦妻普安郡太君崔氏）居北，M5在其西南（参见河南省文物局编《安阳韩琦家族墓地》）。据我的朋友、中国人民大学考古文博系刘未《宋元时期的五音墓地》分析，这是典型的五音墓地，韩琦家族成员各墓位次依据“五音姓利”堪舆术的原理，统一规划。

“五音姓利”堪舆术，唐宋时期流行于中原地区，即地理阴阳人按照音韵将姓氏分属于宫、商、角、徵、羽五姓，各与五行、四方等要素相联系，用以推断阴宅的方位吉凶，指导墓地选址及排布。宋代的五音墓地，最著名的例子当数河南巩义北宋皇陵，赵姓为“角音”，根据角音墓地要求，地势宜东南仰高、西北低垂，位次以东南为尊、西北为卑，所以北宋皇陵的晚辈成员均位于先帝陵的西北，后陵位于帝陵的西北，皇陵下宫位于上宫西北。正如南宋赵彦卫《云麓漫钞》所言：“永安诸陵，皆东南地穹，西北地垂，东南有山，西北无山，角音所利如此。”北宋皇陵特殊的地形特征与位次规划，与“形势派”风水指导下的江南宋墓根本不同。

中原地区，地势平坦，土层深厚，土脉干燥，适宜规划家族墓地。原则上说，家族墓地的规划，均为儒家伦理族葬观念与世俗风水观念综合平衡的结果。中原地区流行的以北宋皇陵为代表的一派“五音姓利”与江南的“形势派”风水，分属不同的系统，无论理论体系、流派传承，还是具体的择地标准，均格格不入。简单来说，“五音姓利”风水

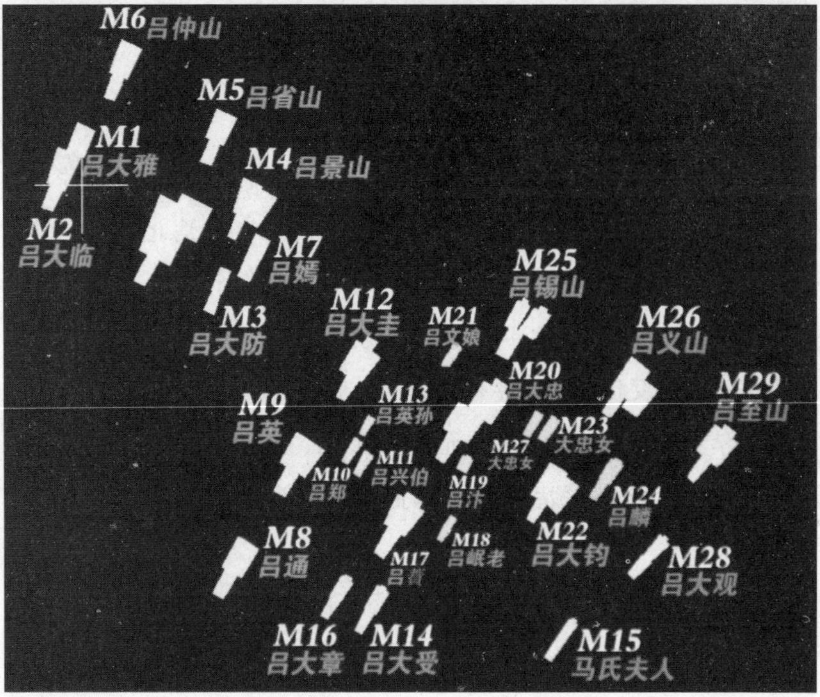

• 陕西蓝田吕氏家族墓平面图。

与族葬是兼容的，而“形势派”风水则与族葬的要求根本冲突。如此说来，安阳韩琦家族墓地就是儒家伦理族葬观念与世俗风水观念的综合体。

蓝田吕氏是北宋学术世家，吕大临、吕大忠、吕大防、吕大钧兄弟，崇礼好古，时有“关中言礼学者首推吕氏”之誉。吕大临搜集三代铜器，著《考古图》，今天被推为“中国考古学之父”。他们的收藏著述，不为风雅，而为证经补史、恢复古礼，实现跨越汉唐、重返三代的理想。

从蓝田吕氏家族墓地看，他们不仅是口头上的理想主义者，更是知行合一的实践者，以生命的归宿，不负平生所学，践行自己所标榜的

“古礼”。据发掘者分析，吕氏墓地四代人聚葬，横向上，分为南北四排，以南为尊。第一排，以吕通辈分最高，东侧吕大章、吕大受墓，系吕通早夭的孙辈；第二排，自东向西共8座墓，为第二代成员吕英、吕蕡墓及他们夭殇的孙辈；第三排，凡12座墓，为第三代“大”字辈家族成员，另有早夭男孙或未出嫁的女儿；第四排，共6座墓，为第四代“山”字辈家族成员。吕氏墓地以横向体现昭穆：父子昭穆不同，则不同排；祖父与夭殇孙辈，昭昭或穆穆，则可同排。

纵向的轴线上，有吕通、吕英、吕大圭三墓，为长子长孙序列。其位次安排，以第三排“大”字辈成员墓最见匠心——先以嫡系确定中心尊位，然后，以年齿为序，以左（东）为尊，依次分列左右。吕大圭居中，因为其为长房嫡孙；年齿最长的大忠，居左一位；年齿第二的大防，居右一位；大钧，居左二；大临，居右二；大观，左三；大雅，右三。在横向排列上，吕氏家族墓地以横向体现昭穆，父子昭穆不同，则不同排；祖父与夭殇孙辈，则昭昭或穆穆，可以同排（参见陕西省考古研究院、陕西历史博物馆、北京大学考古文博学院编《异世同调：陕西省蓝田吕氏家族墓地出土文物》）。如此秩序井然、长幼有别的“昭穆”墓地，也许正是他们努力践行“古礼”的结果，以实际行动兑现平生崇尚的价值。

更令人肃然起敬的是，蓝田吕氏墓地的择址与位次安排，未见刻意追求堪舆风水术的痕迹。也许，他们的墓地规划并非由风水先生主导，而是出于自身对“儒礼”的实践。

反观两宋时期的江南地区，无论是韩琦家族的“五音”风水墓地，还是蓝田吕氏家族的“儒礼”墓地，江南均无类似的多代人延续、尊卑有序、规模宏大的家族墓地。勉强可以比附的，只有武义明招山南宋吕祖谦家族墓地。

十　武义明招山

吕祖谦，南宋大儒，来自当时的高门大族东莱吕氏，与朱熹、张栻并称“东南三贤”。吕祖谦家族墓地位于金华市武义县东的明招山。南渡以来，自吕祖谦曾祖父吕好问，至吕弸中、吕用中“中”字辈，吕大器、吕大伦“大”字辈，吕祖谦、吕祖俭“祖”字辈，吕乔年、吕延年“年”字辈，凡五代家族成员（包括少数“之”字辈第六代成员在内），悉数聚葬于明招山。据明人阮元声编《宋东莱吕成公外录》载，明招山墓地有“坟九十六处”，形成了江南地区罕见的南宋家族墓地。

东莱吕氏，衣冠最盛，乃“三世四相”的宰辅之家，吕祖谦七世祖吕夷简、六世祖吕公著、曾祖父吕好问，均位居宰执，相继执政七朝政；东莱吕氏也是著名的“学术世家”，《宋元学案》凡九十一学案，吕氏诸儒居三十一，四人更为学宗，即吕公著《范吕诸儒学案》、吕祖谦五世祖吕希哲《荥阳学案》、伯祖吕本中《紫微学案》、吕祖谦《东

• 武义明招山吕祖谦家族墓地。

莱学案》，全祖望谓其家族登学案者，“七世十七人”。

与韩琦、富弼等人一样，吕夷简对建设祖墓的重视，不遑多让。天禧中（1017—1021），吕夷简置家族墓地于郑州新郑县怀忠乡神崧里，迁祖吕龟祥、父吕蒙亨灵柩于其中。庆历四年（1044），吕夷简卒，亦葬该处。此后，诸子孙如吕公著、吕希哲等皆祔葬左右。在宋室南渡之前，神崧里已经形成多代人聚葬的大型墓地，连吕好问、吕祖谦祖父吕弸中及叔祖父吕用中等人的“寿坟”均已安排就绪。如果未有靖康亡国的变故，神崧里墓地必将继续发展下去。

宁波天一阁博物馆藏民国《（鄞县）木皐吕氏宗谱》，收有署名吕好问《吕氏坟域图后集序》、吕用中《吕氏坟域图记》二文，详细记载神崧里墓地的形成过程、墓葬数量、墓主人身份、位次安排等信息。这是晚世族谱中保存的可靠的早期文献，堪称北宋中原家族墓地研究重要的文献发现。据刘未先生分析，神崧里的规划方式与安阳韩琦家族墓近似，同为“五音墓地”。神崧里吕氏墓地约在今河南省新郑市郭店镇武岗村、李坟村、岗王庄一带，未经考古发掘，但可以明确地说，在北宋覆亡前夕，已是八代人聚葬、秩序井然、尊卑有序的大型家族墓地。

宋室南渡后，东莱吕氏南迁，神崧里墓地渐告废弃。吕好问一家，挈妇将雏，仓皇南顾。绍兴元年（1131）在颠沛流离中，吕好问卒于广西桂林，临时草葬于当地。绍兴五年，宋金战争局势稍定，吕家陆续内迁。吕好问长子吕本中，寓居信州（今江西上饶）；次子吕弸中，即吕祖谦祖父，寓居金华；三子吕用中，居绍兴；四子吕忱中，可能住在衢州附近。四大房派，无人定居武义县，金华算是最近的，距离明招山也有百来里路。

绍兴十六年（1146），吕弸中卒于次子吕大伦的武义县丞官舍，不克归葬神崧里祖茔，只好临时葬于城郊的明招山，成为吕氏家族入葬明招山的第一人。次年，吕大伦妻许氏卒，也葬明招山。从近年陆续出土

• 武义南宋吕祖谦家族墓地分布图（M1 吕好问、M2 吕大器、M3 吕弸中、M6 吕祖谦、M15 吕忱中、M17 吕用中、M18 吕大伦墓，当然，目前已知的更多的墓葬，可能已经无法确定墓主人的身份。）

的吕好问、吕弸中等人墓志看，当时尚未有将明招山打造成永久性家族墓地的计划。

绍兴二十三年（1152），“王师北定中原日”遥遥无期，眼看返乡无望，由吕用中主持，效仿神崧里祖茔故事，在明招山新建家族墓地，遂将吕好问棺柩自桂林迁来，并正式改葬吕弸中。绍兴三十一年（1161），朝廷赐惠安院为吕好问功德坟寺。自此，明招山吕氏家族墓地渐成规模，从南宋初至元代，墓地延续160余年。

吕氏子孙散居各地，但不分房派，不远千里，悉数归葬明招山，绝不可能是集体无意识的行为。显然，明招山体现了南渡衣冠大族，在江南徙居之地努力延续旧传统、将墓地打造成“聚族”中心的良苦用心。

考虑到江南此前并无族葬传统，吕氏家族的尝试就显得格外重要。后人评述吕祖谦学术，誉其“得中原文献之传”，即将中原学术带到江南，并在南方播种、生根、发芽、发扬光大。从这个角度说，明招山也有类似的示范效应，将中原士大夫的族葬传统，带到江南实践、推广，并引起时人的议论与效仿。我们知道，《朱子家礼》片语不及族葬，而“成公（吕祖谦）为人墓志，遇附葬者必喜道之”（方大琮《铁庵集·与林提干进礼书》），与朱熹不同，吕祖谦为人撰写墓志，则对合葬、昭穆、族葬的话题，格外津津乐道。

查吕祖谦《东莱吕太史集》，如《金华时沄母陈氏墓志铭》，开首即大篇宣扬族坟墓“居焉而父子有秩，兆焉而昭穆有班”的合理性，以及族葬之于“维死生之大纪”的重要性，并抨击堪舆巫术对人情伦理的妨害，而正文用来记述志主信息的篇幅反而有限，数语带过。

当然，江南地区的地形气候条件、人文传统、风水观念，与中原完全不同，无法原封不动地照搬中原族葬模式。2014 年，历时一年，我在明招山调查吕祖谦家族墓地，踏遍了明招山的每个山头，确定了“祖坟”吕好问墓，第二代“中”字辈全部成员，第三代、第四代、第五代部分成员墓葬 30 多座。这批墓葬以功德坟寺惠安院（明招寺）为中心，相对集中分布于四个区域，四个互不相望的山坳。为适应江南“卑湿”的自然环境，自第一代移民吕好问开始，地下墓室就完全“江南化”了，一改北方传统的土洞墓式样，采用江南地区习见的石（砖）椁石顶墓室，选址于山麓高地上；为适应江南山地丘陵的地形，各墓因地制宜，墓向因所处具体地形而定，各自便宜行事，并无统一朝向；墓葬位次安排也是“在地化”的，一改“五音姓利”的旧传统，并无分布规律可循。中原五音墓地记述位次多采用“葬西茔之甲穴”“东茔之丁穴”“居第一穴”“第二穴”之类的术语，而明招山出土墓志，记载墓葬方位，只笼统说成“葬于某墓之左”“之右”“之侧”等字样，完全是江南式的表述法——在南方潮湿、多山的环境中，无中原的风水传统，根本不可能，也没有必要照搬旧模式，在江南建设全新的“五音墓地”。

由于南北方的巨大差异，南渡世家做出一系列的“在地化”调整，势在必行。如果严格以今日考古发掘所见的中原族葬墓地的标尺来衡量，明招山也只是相对集中的“松散型墓地”，墓地形态接近瑞安项公泽、鄞县王瑞家族墓地，不过规模更大、延续时间更长。

但是，东莱吕氏因其南渡衣冠大族、学术世家的背景，南宋人认为像吕祖谦家族那样不分房派、五代成员悉数聚葬、沿袭百年的家族墓地，就是洋溢着儒家理想光辉的“昭穆墓地”，尽管其松散的形态，与布局谨严的北宋蓝田吕氏墓地、元明以来的昭穆墓地，面貌相去甚远。

十一　礼俗之间

明招山的做法，在江南是空前的。家族墓地在凝聚家族向心力方面的作用，显而易见。

方大琮，号铁庵，兴化军莆田（今福建莆田）人，开禧元年（1205）进士。他认同族葬的价值，欲效仿明招山，在家乡打造方氏族墓。他说：“山以方名旧矣，仪曹公来宅九跳之正脉，面势宏阔，从而祔者五代，……每代之中，昭穆相从凡四十余。《周官》族坟墓之说，吕氏深有取焉，此山宜与婺之明招等。”（《铁庵集》卷三八《辞方广礼部及诸坟祝文》）明招山尽管松散，但他认为这就是儒家经典《周礼》所谓“昭穆相从”的族坟墓。

同时，方大琮又有具体的顾虑，在与友人的通信中说，“然或者谓吕之子孙不甚寿，亦祖山掘凿太过也。惟朱文公最喜风水，韦斋、祝氏皆别葬，文公又自葬唐石，门人执绋者数日乃至，水心笑之，谓其多占风水”（《铁庵集》卷二四《与林提干进礼书》）。因为东莱吕氏普遍短寿，如吕祖谦壮年即逝，当时谣言说是明招山挖坟太多的缘故。而朱熹讲究风水，家人葬地分散，连水心先生叶适都笑话他。这些例子生动说明了南宋士大夫既有追求族葬的愿望，又为世俗祸福观念深刻困扰。

方大琮有无将想法最终付诸实践，待考。据程敏政编《新安文献志·吴益谦墓志铭》所附《溪南吴氏长虹先祠记》，歙西溪南吴氏家族墓地在一个名叫长虹的地方，从南宋后期，至元大德九年（1305），六七十年间，聚族而葬，其墓地仿照“伊川《左昭右穆之图》、吕氏婺州明招山之例有相似者，同里赞之”，也认为明招山是与程颐《左昭右穆之图》类似的“昭穆墓地”，而我们现在知道，明招山与程颐所谓严格的“昭穆葬”并不相同。

早在北宋时期，理学家就对世俗风水造成“不分昭穆，混淆尊卑”的局面表示不满。程颐《葬说》提出一套昭穆葬法：“葬之穴，尊者居中，左昭右穆，而次后则或东或西，亦左右相对而启穴也。”但是，当时真正践行的人其实很少，只存在于个别士人的观念中。

江南地区流行的“形势派”风水，与族葬冲突。金华义乌的元代儒医朱震亨（丹溪）墓，三人合葬，朱震亨居中，二子祔葬左右。大儒方孝孺为其墓庵撰写《孝友庵记》：“今之人儒衣冠而诵六艺者，皆以学孔子自名，至于葬其亲，则往往信俗巫冢师之说，为其身谋，或父子异处、或兄弟殊迁，使其魂魄不相接，与黜罚其亲何异乎？”抨击世俗的风水观念，致使父子异处、兄弟殊迁，给儒家伦理造成了灾难性的

• 乐清北白象镇明高友玑家族墓。

后果。

当然，儒家不可能袖手旁观，坐以待毙。在元代，集中出现了一批取法《周礼》、程颐《葬说》的“昭穆族葬法”，努力将风水的因素从墓地中剥离出去，比如现今可见的赵昞《族葬图》。江南地区也出现一批讨论族葬的著作，如无名氏《居家必用事类全集》、车垓《内外服制通释》等，以补《朱子家礼》之缺漏，指导士庶的丧葬行为。儒家必须对世俗风水有所反击，减少风水因素的干扰，以儒礼主导墓地规划，重建“昭穆葬”秩序。

自元以后，昭穆葬法在各地逐渐流行开来。江浙地区至今存在许多明代家族墓地，一改南宋家族墓地乏善可陈的局面。如乐清北白象镇高友玑家族、义乌赤岸镇螃蟹形山冯氏家族、庆元大济吴氏家族墓地等，都是政府公布的不同级别的文物保护单位。经过考古发掘的则有上海市嘉定区明唐时升家族墓（上海市文物管理委员会《上海明墓》）、温州市龙湾区上朱垟英桥王氏家族墓地等，我们只要看考古发掘报告刊布的“墓地平面图”，就知道都是明代江南地区习见的昭穆葬法——多代人聚葬，位次排列长幼有序，尊穴居中，左昭右穆——与“松散型”的明招山吕祖谦家族墓地不同，这才是真正意义上的“昭穆葬”墓地：以理想主义的儒家伦理为主导，抵御功利主义的世俗风水观念。这些令人鼓舞的例子，象征着理想对现实的胜利。

十二　余音

元明时期，江南地区“昭穆葬”的兴起与流行，因为考古资料缺乏，尚多有不明之处，不能说“昭穆葬”的流行就因了明招山吕祖谦家族墓地的直接启发与刺激。不可否认的是，明招山在当时产生过重大影响，从北宋中原士大夫家族墓地，历经宋室南渡，南迁大族在江南重建中原族葬，再到宋元之际“昭穆葬”兴起并向中下层社会渗透——在长时段的历史脉络中，明招山吕氏家族墓地，正是观察丧葬观念“宋元明转型”承上启下的关键一环。

末了，说点别的。明代温州永嘉县（今龙湾区）的簪缨世家英桥王氏，嘉靖万历年间，王澈、王激兄弟，王澈之子王叔果、王叔杲兄弟，科甲蝉联，名公辈出。数百年间，王氏在瑶溪半山、上朱垟等地有多个家族墓地。半山是“山地型”墓地，受地形制约，不同世代的坟墓，呈松散的集中状态。上朱垟是“平地型”墓地，平原适宜规划家族墓地，形态近似上海嘉定唐时升家族墓地（参见上海市文物管理委员会编《上海明墓》），众墓序列井然，是严格意义的昭穆族葬。英桥王氏家族墓地的倡议者与主事者，通常都是家族中最孚人望者。可偏偏又是他们，最后当了“逃兵”，如嘉靖二十九年（1550）进士王叔果、嘉靖四十一年（1562）进士王叔杲兄弟，后来都各自找了独立的好山头，未能葬身家族墓地。有的人即便愿意埋入家族墓地，然而子孙也未必会同意。理想战胜现实的光辉例子，毕竟只是少数。在理想与现实的拔河中，世俗的风水祸福观念，整体上总是大于儒家伦理的合葬观念。此事通乎古今，与“宋元明转型”无关。

这么说来，我也并非完全就是在感慨古墓葬本身，而是在感慨“人心”。人生在世，命运无常，每逢英雄末路，理性终归不够用，只能乞求于命运垂青。

最后，做个总结。说得学术点，通过南宋墓葬及其背后思想观念的变迁，可以窥见社会生活习俗领域“宋元明转型”之一斑。说得文艺点，古墓是认识历史、感悟人性、体验生活的好载体，它可以帮助我们认清自己。

吕祖谦的肖像

我在武义县明招山调查南宋大儒吕祖谦家族墓地。山居期间，以读《吕祖谦全集》自娱，读着喜欢，很想知道吕祖谦到底长什么模样。今天的出版商，就挺能揣摩读者心思的，一本烂书，也要将作者的肖像印在封面上，让吾人见了，对作者又平添了几分厌恶感。

• 武义明招山，20 世纪 90 年代重建的吕祖谦墓。但是，据我调查后的新认识，当年重建吕祖谦墓时，认错了地点，新墓距离真实的吕祖谦墓相差约百米之遥。

朋友说，吕祖谦是南宋人，距今 800 年了，不会有肖像传世的，即便有，也是后人凭着想象的胡乱涂画，看或不看，有什么分别?

• 今人对南宋大儒吕祖谦容貌的想象，只能借助明清时期的雕版肖像。

古人绘画，不讲究透视明暗，写人状物，终不及照相术般逼真，倒是真的。但认为宋人肖像全属胡涂乱画，则未免厚诬古人。庙堂之高，如景灵宫内、皇陵里供奉的帝后“御容”肖像；江湖之远，如民间影堂、祠堂里悬挂的祖宗小影。画工技艺固有高下之别，但创作态度终归是求真，风格终归是写实的。

台北“故宫博物院”收藏两宋帝后肖像，风格均极严谨，连坐具、衣物上的细小纹样，亦加以精心摹画。写实的功夫细腻到无以复加，至于音容笑貌，绝无可能马虎从事。完全有理由确信，宋高宗、吴皇后的真实容颜，与宋画御容应当相去不远。

宋元时期的孔庙，大成殿里供奉孔子塑像。塑像相对于绘像，更加直观，更容易令人肃然起敬。这是许多祠庙更愿意供奉塑像的原因。

明嘉靖九年（1530），明世宗朱厚熜、内阁首辅张璁，主导孔庙改制，反对供奉塑像，主张代之以神主牌位。理由是，偶像崇拜是佛教徒的异端做法，殊非圣贤之道。何况孔子是千年前的人物，谁也不曾亲见他的容颜，长短丰瘠，老少美恶，完全凭着工匠的手艺和态度，信手造个像，说这个泥人就是孔子，即便起七十二弟子于地下，也不敢相认。假若孔子地下有灵，恐怕也不敢享用我们奉上的祭品吧。

宋代大儒程颐说，影堂里祭祀的祖宗肖像，与真人应该分毫不差，“有一毛不类则非其人”。这可不得了，多一根胡子毛发就是别人，祭品就让别人享用了。以上掌故，有广泛而深刻的文化史意义。在这里，只是用来说明宋人对肖像竭力写真的创作态度。

吕祖谦与朱熹、张栻并称“东南三贤”，是当时受人尊崇的大学者。去世不久，就得到人们普遍的纪念。凡其所过之处，人们绘而祠之。严州城、武义明招山、浦江月泉书院、金华丽泽书院，到处都有吕祖谦的祠堂。吕祖谦在金华的老家，当然还有祠堂、家庙、影堂等。毫无疑问，祠堂里头通常都应该悬挂有吕氏的“标准像”。在汗牛充栋的南宋文献中，我们至今未能发现有人抗议肖像的写实性，即便吕祖谦的家人与门生也不例外。可以推知，当时通行的吕氏肖像大致准确。

可惜，宋画原作未能流传下来。后世翻印吕祖谦文集时，倒也会翻刻他的肖像。雕版印刷，以翻刻图像最为麻烦，宋代的地方志书，本来多有插图，而流传至今的版本，密密麻麻全是文字，插图通常都被怕麻烦的刊工删除了。侥幸保留下来的图像，也屡经翻刻，每每失真，翻刻一次，失真一回，细节不断流失。

我见过三四种吕祖谦肖像，多为明清雕版刊本，也有一种清殿藏本的吕祖谦彩色画像，脸庞或朝向左边，或朝向右边。朝向不同，说明肖像可能源于不同的版本。但无论脸庞朝向哪一边，容貌和气质则高度接近，均作头戴儒巾、通肩长衣、略有须髯、长相敦厚、脸庞丰腴的中年人模样。形象如此趋同，知其必有所本，绝非胡编乱造。

据史籍记载，吕祖谦体态丰腴。近代史学家何炳松《浙东学派溯源》说，吕祖谦“因体肥而死的时候，年纪不过 45 岁，以他这样的天才竟会这样的早死，真是我国学术史上一件最可悲的事情”。

今日所见的旧肖像，吕祖谦均作丰腴模样。如果画匠只凭着想象虚构，是不可能做到的，出于人之常情，为贤者讳、为尊者讳，一定会将他描绘成五官端正、身材适中的形象。

今天的画家，创作古代历史文化名人，无论陶渊明、苏东坡，还是刘伯温，一律作标准美男子形象，眉目清秀，须发飘飘，结果，大家像从一个模子里出来，都长一个样。这才是完全凭着想象的“自由创作”。

盗墓笔记

浙江的考古工作者，有个大困惑，就是汉墓数量特别多，西汉土坑墓、东汉砖室墓，一挖一大群，然而唐墓特别少，在许多地区只有个位数。汉墓多，唐墓少，安徽、江苏、山东等地也有类似现象。汉唐盛世，莫非汉代人口特多，唐朝荒芜一片？这个问题，我终究猜不透。

同样的西汉土坑墓，绍兴、宁波的山地丘陵地区，墓坑开口于基岩之上，即所谓“生土坑”；湖州、嘉兴平原地区的土坑墓，营建于人为堆筑的土墩之上，即所谓“熟土坑”。从发掘技术的角度，发现生土坑比较容易，周边全是岩石，唯独有个方形的凹陷区域，茅草长势特别茂盛，或者拿根钢筋来扎，坚硬如岩石者，钢筋插不下去，忽然有块地方，钢筋入土，势如破竹，略有经验的人也能判断这里可能有土坑墓。相对而言，熟土坑的发现，要困难很多，需要细致分辨土质、土色差异，才能框定墓坑的边界。

盗墓之风，古已有之，于今为烈。何以见得“于今为烈”？古人盗墓，只图金银财宝，西汉土坑墓里常见的坛坛罐罐、鼎盒壶瓿，大概不入法眼。而今人不同，凡经他们光顾，墓底如同经过大扫除一般，纤尘不染。现代人说，坛坛罐罐也有历史价值、文化价值、艺术价值。各种价值，归根结底，都是经济价值。

如前述，生土坑容易被发现。绍兴的盗墓风气，历来较湖州兴盛。1998 年，我在湖州杨家埠发掘西汉墓地，墓葬大多完好，工地结束，出土的坛坛罐罐，层层叠叠，一卡车拉不完。2009 年，为配合绍（兴）诸（暨）高速公路建设，我在绍兴平水、栖凫等地发掘战国至西汉墓地，墓葬数量不少，文物只够装一个蛇皮袋——多年以来，当地盗墓猖獗，覆巢之下，古墓几无完卵。

东汉以降，券顶砖室墓流行，逐渐取代土坑墓成为主流的墓室形式。砖室墓固然气派，但是比土坑墓更容易被盗掘。所谓“十室九空”，狭义所指，正是汉六朝砖室墓。我不能理解的是，今天有人居然会把盗墓者描述成身怀绝技的高人，其实，发掘砖室墓，本质上是体力活，略带经验活的成分。欧阳修笔下的卖油翁自嘲“此无他，唯手熟耳”，是形容手艺人的，但我认为，盗墓够不上手艺活的标准。

宋元明清，年代晚近，墓葬多有明确的地面标识、地形特征，盗掘更无技术含量可言。我们不能将目无法纪、胡作非为视为本事技能。

浙江省文物鉴定委员会，是负责浙江省内盗墓案件司法鉴定的机构。近年盗墓风气日盛，我忝列为文物鉴定委员，有段时间忙得不亦乐乎，哪里破获了盗墓案子，就第一时间赶赴现场。

多年的竭泽而渔，绍兴已无古墓可盗。盗墓者遂流窜至丽水、衢州、金华等地作案，被抓了现行。我前往现场鉴定，多数为不起眼的宋元小墓，搁在早些年，古董贩子是看不上眼的。有组织的盗墓者，大范围流动作案，所过之处，古墓不分大小，无不遭殃。

古墓资源枯竭后，就拿近代墓下手。2015 年，嘉兴王店沈曾植家族墓被盗——沈曾植是清末民初的大学者。墓地紧邻村庄，来自江西的盗墓者竟然使用炸药爆破。一声闷响，划破寂静的夜空，将全村人从睡梦中惊醒。许多天后，当我们赶到现场，自沈曾植生父沈宗涵墓圹内拖出的衣物，仍散发着刺鼻的异味。盗墓者的技术越来越粗糙，手段越来越野蛮，伤风败俗，莫此为甚。

看得多了，渐渐明白盗墓犹如其他的犯罪行为，并非考古学的问题，而是关乎社会学与心理学。盗墓源于人心的欲望，亏本买卖无人干，杀头生意有人做，自古未有不发之墓，欲望不灭，盗墓不止。两汉时期，俗尚厚葬，盗墓盛行。曹操父子，有感于此，主张薄葬，墓圹内少埋点财物，以绝人之想，墓表也尽量低调一点，弃用丰碑、翁仲。然而，千百年后，人去楼空，终不免发掘之厄。

也许只有加强墓地的现场守护，才能有效规避盗掘。2014 年，东阳市南马镇，有一群清代墓葬被盗，有墓碑仆于地，曰“陆公之墓，康熙十年季冬吉立”。墓地之上，盗洞遍布，一片狼藉。

墓地附近，有座民居，废弃约 10 年有余，许姓人家曾住，他们的祖先是墓地的守墓人。有位老人，70 多岁，说：“从曾祖父起，我们许家开始为陆家看守墓地。此前，另有一户王姓人家替陆家守坟，后来不干了，将守墓的工作转让给了许家。”陆家供给许氏“一亩三分”的墓田，由其免费耕种，田租收入，除供奉墓祭外，可以自由支配，除此别无报酬。1950 年土地改革后，陆家败亡，许氏不再承担守坟职责，但仍住在墓地附近，出于道义，时有看护墓地之举。直至 10 年前，因为高山移民，全家搬到平地居住，其地遂虚。

自从许氏搬到山下，无故不再上山。不几年间，陆家坟地一再遭盗，现场千疮百孔，不堪入目。

杜范墓

我从台州高铁站下来，黄岩的朋友接上我，驱车前往宁溪镇牌门村。车子在山水间，兜来绕去，两个小时后，终于抵达目的地。

在一个山坡上，我看见的杜范墓是新造的，以水泥、块石筑成，与本土常见的现代坟没有两样，墓地前方是密密层层的新旧民居、洋房。我无法相信长眠于此的人竟是南宋名臣。

杜范，台州黄岩县杜家村人，嘉定元年（1208）进士及第，理宗朝官至右丞相，淳祐五年（1245）卒于任上，事迹具《宋史》本传。南宋后期，国史不存，《宋史》为人立传通常简略，而《杜范传》足有四五千字，可能是《宋史》中篇幅最长的宋末人物传记之一。

我不是说文章越长越好，但这至少能证明杜范的道德勋业，颇孚人望。杜范卒谥“清献”，按传统谥法，洁已自爱曰“清”，聪明睿智曰“献”，“清廉的智者”是朝廷对他的盖棺论定。有宋一代，谥“清献”者，只有北宋名臣赵抃、南宋杜范二人而已。杜范也是自古以来官位最崇高的黄岩人，杜清献、杜丞相的故事，在黄岩传颂至今。

传说杜范归葬黄岩之日，灵柩所过，乡亲们无不哀伤涕泣。牌门村的坟墓，规模宏大，据元末明初人黄中德《重建清献公祠堂记》载：“即其山为造五凤楼，及封圹、坛陛、翁仲、祠宇、象设之物莫不具备，仍以境内鸿福寺为香灯院，俾供洒扫。神道有碑，祭祀有田，燕祭以时。若是先朝加殊礼于丞相者，可谓厚矣。”（见明谢铎编《赤城后集》卷五）墓地之上，设有五凤楼、祠堂、石像生、神道碑等设施，论观瞻之雄伟，极一时之盛。墓葬所在地牌门村，大概就以墓前设有高大的牌坊而得名。尽管如今万物皆非，方圆几里内，全无牌坊的影踪。

杜范的老家——杜家村，就在台州高铁站附近。我刚才从那边过来，两小时车程。对古人来说，绝对可算是路途遥远，即便另有水路捷径，我估计，杜氏子孙上坟，往返大概需要一两天工夫。

山高路远，往来不便，墓地就交给鸿福寺管理。宋代达官贵人的豪墓，多建在寺院附近（日本的禅院，古风犹存，至今依然附有众多坟墓），由朝廷赐额，作为墓主人的功德坟寺，也就是前揭《重建清献公祠堂记》所谓“香灯院”。杜家支付香灯院一笔相应的财物，鸿福寺既为墓主人荐福亡魂，也替丧家守墓，保护坟墓免遭损毁。

就我所见，杜家村也不能说没有合适的埋骨之所，杜范不远百里葬到宁溪，原因不详，我猜测是他看中了宁溪的好风水。如今的坟墓固然是新造的，不复旧观，然而青山依旧，伫立墓前，极目远眺，山水果然清嘉。

可惜，好风水并不必然带来好运。宋元鼎革后，杜家衰败，坟茔失祭。鸿福寺的僧人，不安分守墓倒也罢了，居然趁火打劫，侵吞了杜范的坟山墓田。直到明朝洪武元年（1368），杜氏子孙告状，官府找到寺僧，谕以祸福，说杜范是大家敬仰的乡贤，如此这般。寺僧从善如流，叩头谢罪，归还山田，并重建墓祠以奉祭祀。于是皆大欢喜。

此后，杜范墓又经历过哪些风雨，无人知晓。明清地方志中千篇一律、陈陈相因的记载，无法增加任何关于坟墓的具体知识。据乡老传说，民国初年，杜范墓曾经重修，重立牌坊，中题“宋右丞相杜公墓道”字样。“文化大革命”期间，牌坊拆除，封土铲平，墓迹荡然无存，改为一块番薯地。

2006年12月，老乡在耕种番薯时，出土“宋少傅清献杜公墓”石碑。消失已久的杜范墓，重现人间。

消息传到县里。领导说，杜范是我们黄岩的头号乡贤。“清献精神：清，是清正廉洁的清；献，是献身国家的献”，“清献精神”具有跨越时代的精神力量。有关部门应该组织发掘杜范墓，并在原址重建墓园，新建纪念堂，大力弘扬“清献精神”，激励全县人民在新时代开拓前进。

杜范墓的时代意义，大大超出人们原先的意料。社会上下，掀起重建杜范墓的舆论热潮。文物部门按照领导指示，立即组织人员，及时清理墓穴。但是，按照规划，建设墓园、纪念馆、停车场等费用不赀，一时无从筹措巨额经费。何况如此偏远的山村，有谁愿意风尘仆仆、远道赶来看望一个跟自己毫不相干的坟墓呢？这是当年杜范的孝子贤孙也办不到的事情啊。

这么一想，豪情消了大半。此后的5年间，杜范墓长期废置，无人问津。可当地村民听闻消息，都盼着借助建墓、开发旅游的东风，改善山区交通，建设新农村呢，希望有关部门按照原规划方案尽快实施。退一步说，墓穴长期曝露野外，风吹日晒雨淋，这也不是我们对待乡贤该有的态度。

如今的杜家村、牌门村，已无杜氏后人。黄岩邻近的临海县小芝镇的杜氏家族，倒是黄岩杜丞相的后裔。临海人听闻消息，赶到现场，说，临海杜氏后人为自己的祖先而自豪，只要有关部门出面协调，我们愿意出钱为祖先修坟，如果黄岩决定不要杜范了，也可以考虑把坟墓迁到临海去。

这像话吗？杜范自古以来就是黄岩乡贤，还能说不要就不要？我们黄岩人考虑重建坟墓，挖掘黄岩历史文化资源、弘扬黄岩人文精神、推动黄岩旅游事业发展，确实出于公心，发乎赤子之诚。只因为当年制定规划方案时调查研究不够，经费与权责问题难以落实，一时无法实施。结果，搞得上上下下十分被动。

2013年，事情已经无法再拖了，越拖越被动。文化部门决定快刀斩乱麻，挤出一笔经费，仿照当地现代“椅子坟”的样式，重建杜范墓。跟最初的宏大蓝图相比，新建坟墓未免简陋，但总算平息了旷日持久的纷扰。

我认为，文化部门的决策是英明的，大兴土木，确无必要。那天，我为调查杜范墓遗迹，在现场待了整个下午，自始至终，不见一个游客前来。现代生活节奏快，大家自顾不暇，谁会有为古人上坟的闲情雅致呢？不过，杜丞相一生忧国忧民，鞠躬尽瘁，死而后已，也该为他留一片清净之地，好生安息。

史嵩之墓

南宋的高门大族，论显赫程度，首推浙东鄞县史氏。史浩、史弥远、史嵩之，“一门三丞相”。史浩，是宋孝宗朝的丞相；史浩之子史弥远，是宋宁宗、宋理宗两朝的权相，专权26年，擅立皇帝，冤杀济王，一手遮天，谤满天下；史嵩之是史弥远的从侄，就来自这个显赫而又充满争议的家族。

人固有一死，或贵如王侯，或贱如蝼蚁。史嵩之祖父史渐，卒葬鄞县上水村凤凰山，即今东钱湖南宋石刻公园所在；史嵩之父亲史弥忠，卒葬鄞县五乡宝幢王坟山；史嵩之弟弟史岩之，卒葬绍兴府余姚县龙泉乡，即今宁波市慈溪市横河镇梅湖水库；史嵩之长子史玠卿，卒葬慈溪县金川乡东麓之原，约今余姚市丈亭镇境内。史嵩之本人呢，墓址由其生前亲自选定，在慈溪县石台乡，即今余姚市大隐镇车厩山，其地距离东钱湖，约有30公里。

各墓之间，相距甚远，因为大家各自追求独立的好风水。这些想法很正常，只是苦了清明节上坟的子孙，若要每个坟头拜过来，很耗费工夫。

2011年，史嵩之墓被盗，有文物流散到了市面上。我前往现场踏勘，那是我第一次到车厩山，果然好风水，山环水抱，藏风纳气。南宋宝祐六年（1258），史嵩之下葬之初，宋理宗御书“西天福地”名其地，并赐功德坟寺，以“开寿普光禅寺”为额，又遣族人守墓，四时祭扫，后来繁衍为史氏聚居的村落，即今车厩山附近的史门村。

时过境迁，待明末清初大儒黄宗羲过其墓，已是寺败碑残，特意赋诗一首，感慨系之，“莫道荒烟蔓草墟，千秋有恨尚留诸。……西天福地残碑下，但见僧人出荷锄”。这通“西天福地”残碑，至今犹存，然而已脱离现场，墓地之上，唯有荒烟蔓草，若非盗墓者留下的盗洞，人们甚至不知道脚底下居然还有大人物的坟墓。

我爷爷文化程度不高，仅能读《三国》《水浒》《杨家将》，但对

• 宁波东钱湖畔，南宋史氏家族的墓道石刻，尚有许多散落于荒郊野外。石人脸上冷漠的表情，仿佛世间一切荣辱、一切悲欢，已与他们无关。

历史有其朴素的感悟。他说，大凡掌权超过 10 多年的宰相，必为“奸臣”，长居高位之人，必有非常手段，有手段者，树敌必多，然而又遭皇家猜忌，一旦退位，谁肯说他好话呢？确实如此，自从史弥远以后，史家的名声就不太好。

从史嵩之入仕的第一天起，就背有家族原罪。他有雄才大略，在京西湖北路制置使任上，经营荆州、襄阳军政边务，虎虎有生气，在他麾下是一支有战斗力的部队。

13 世纪，蒙古人席卷欧亚大陆。南宋朝廷抵御外寇入侵，长达半个世纪，四川、襄阳一带的战役，尤为可歌可泣，这多与史嵩之早年的经营有关。

面对蒙元虎狼之师，史嵩之是务实的主和派。但在反对派的眼里，主和派也就是怯弱的投降派。然而，史嵩之的和议主张虽有争议，却能迎合宋理宗的心意，遂官至实权的“独相”。平心而论，无论经营地方，还是立朝为相，史嵩之均有作为。现代的历史学家认为，关于他的恶评，多半出于党派偏见，或源于对史弥远长期执政的不满。

淳祐四年（1244），史嵩之父亲史弥忠去世。按礼制，史嵩之必须辞官，居家守孝，丁忧三年，其实是守孝两年零七个月。宋理宗正在用人之际，执意挽留史嵩之，要求他“夺情起复”，不必拘泥礼义。其实，“夺情起复”的大臣，多有先例。可就是这件事，断送了史嵩之的政治前程。

世事本无绝对的是非可言，如果大家都认为三年守孝是合理的，那么，它就是合理的，否则就不是孝子。好比大家认为女人生来就该缠足，男人生来就该读“四书五经”，只有身体残疾的女人才算性感，方能嫁入豪门，只有精神残疾的男人才算文质彬彬，方能跻身仕途。那是没有什么道理可说的，大家以为天经地义就好，欧洲人不通儒家经典，照样建设他们的现代化。

缠足也许真的别有风味——只是天足为什么就一定不美，或者认为只有天足的女人才美？可惜，历史上很少有敢于这样设问的人，我们想当然地以为只能这样生活而不能那样。思想的萎缩，就是生命的萎缩，也许两者本来就是一回事。

天足的女人，为什么不美？谁能告诉我？离题了，回到史嵩之。

让史嵩之“夺情起复”是宋理宗的要求，反对者却认定他出于私欲、恋栈权位，他们认为，视生父为路人，就是不孝，今日对生父不孝，明日就会对皇帝不忠，不忠不孝，就是禽兽。《宋季三朝政要》是宁宗、理宗、度宗三朝的编年体史书，记事颇简略，唯独批判史嵩之是个禽兽，洋洋洒洒，不吝笔墨，足见此事在当年影响之巨大。

空前强大的舆论压力，葬送了史嵩之的政治生涯。从此，他居家赋闲，直到宝祐五年（1257）去世。次年，葬于慈溪县石台乡，也就是前头提到的那个寂静的山谷。

以上文字，是我当年站在史嵩之墓前的感慨。以“后知后觉”的立场，对前人品头论足是容易的，也能充分享受智力上的优越感。但我认为，考古工作者不必这样写文章，如果让我现在来讲述史嵩之墓，故事将会是另一番样子。

因为墓葬已遭盗掘，稍后，宁波市文物考古研究所组织考古队，对史嵩之墓进行抢救性发掘。这是史嵩之与继室赵氏的双穴合葬墓，但在史嵩之墓室的右侧下方，留有一片空地。据出土的《史嵩之墓志》，史嵩之一生两娶，初娶陈氏，后娶赵氏。陈氏早卒，已别葬他处。这块空地也许是为日后迁葬陈氏而预留的。不知何故，陈氏未能祔葬，右侧的空地，遂永久留白。

墓内的棺木保存完好，但被盗墓者凿开了一个可由一人出入的口子。2012 年 4 月，中国丝绸博物馆的同行负责开棺清理，棺内保存有许多史嵩之入殓时的衣物，可惜经过盗扰，已成碎片。史嵩之的遗骸也已被搅乱，唯颅骨保存完好——硕大的头颅。

遗骸和衣物的保存，有赖于棺木内注满了水银，这是古代常用的防腐手段。墓室遭盗掘已有很长时间，棺内仍有大量水银留存，可知史嵩之初葬时，可能整体浸泡于水银之中。工作人员如临大敌，静候水银挥发殆尽，又以硫黄消毒，然后，再戴上口罩、头套、橡皮手套，全副武装，逐层揭取丝织品。即使如此，时间稍久，工作人员也有不同程度的晕眩恶心的症状，可见水银之毒性历经 800 年而不衰减。凡是当天亲临工作现场的人，无不对考古工作人员的敬业精神肃然起敬。

然而，人们又不由得倒吸一口冷气。天哪！曾经的那个月黑风高之夜，盗墓者凿开棺木，由一人出入的口子，潜入棺木。周遭环境之肮脏恶劣，姑且不论，他居然是浸泡在水银中作业的啊！

一两年后，果然陆续有消息传来。据说，盗墓者贩卖文物所得共计

• 史嵩之墓被盗掘一空，随葬品中除了残破的衣物，仅出土这件随身的小玉器，工艺精致。

20 万元人民币。他的肺部受到严重伤害，先是发炎，继而溃烂，痛苦不堪，这点“收入”远远不足以治病。如今，他大概已不在人世了吧？我念及旧事，叹息久之。

末了，另有一事可表。

大凡有古墓的地方，通常伴随有“金脑袋”的传说。故事千篇一律，说古代有个大官为奸臣所谋害，或为仇家所追杀，被割去首级，入殓时，只好打造一颗硕大的金脑袋，权宜代替，用以随葬。史嵩之墓不能免俗，当地也有“金脑袋”的传说。这一次，史嵩之墓内出土了完好的颅骨，铁证如山，彻底粉碎了流毒甚广的谣言。

有关史嵩之的恩怨是非、经国大业，一切光荣与梦想，已在历史长河中化为平淡，变作可有可无的话题。只有其颅骨的发现，仍有现实教育意义，证明“一夜暴富”的梦想可能只是无稽的传说。

妾之命运

温州市瓯海区潘桥街道焦下村南部的焦下山，村内的建筑杂乱无章，头顶的电线犹如蜘蛛网般张牙舞爪，尤其不能忍的是，路上垃圾遍地、污水横流，空气中弥漫着一股胶鞋燃烧的呛鼻气味。外地人只要在村庄里停留稍久，眼睛即有灼痛的感觉。如果不是为了配合生产建设的考古发掘，我绝不会到这边来。

2013 年，因为公路建设，我们来到焦下村发掘一处即将遭受灭顶之灾的明代墓地。所谓“古不考三代以下”，考古工作者传统上更加关注史前与商周时代的早期文物，年代晚近的明清墓葬，结构简单，又不出精美文物，素来不为考古家所重。如果不是抢救文物的职责在身，我绝不会到这边来。

宋明时期，焦下村属于永嘉县吹台乡地界。吹台山，郁郁苍苍，是一块风水宝地，向来是温州重要的公共墓地。我所寓目的温州出土宋元明墓志，数量不下数百通，就有相当数量出土于“吹台乡吹台山之原”，非但永嘉本地人葬身于此，邻近的瑞安县人也乐意埋到这边来。

历时两个多月的发掘，焦下山共清理了 27 座墓葬，据出土的 14 通墓志，这是明代中晚期温州陈氏、王氏、周氏等家族聚葬的公共墓地。墓地排列有序，不同家族占据各自的区域，井水不犯河水。

不出意料，本次发掘并未出土精美文物，但是琢磨起来，明墓也挺有意思的。比如墓地中编号为 M14（第 14 号墓）、M17（第 17 号墓）两座墓葬。

M14 是座夫妻合葬的双穴并列砖室墓。墓主人陈魁是个乡绅，生于明正统六年（1441），卒于正德八年（1513）。娶汤氏，子男三人：长子陈行之；次子陈定之，“擢弘治乙丑进士，授工部主事”，可惜英年早逝；三子陈谅之，系庶出，为侧室李氏所生，陈魁去世的时候，陈谅之尚为 6 岁幼童。

M17 位于 M14 东北方向约 1.5 米处，是一座单穴的砖室墓。墓主

• 温州瓯海区焦下村 M14（第 14 号墓）的发掘情景。

• 两通刚出土的圹志，是墓主人陈魁及其妻汤氏一生的盖棺论定。除了这两通石碑，我们对他们的生平一无所知。这些被历史遗忘的人物，因为墓志的偶然出土，重新回到人们的视野中。

人正是陈魁的侧室李氏，名叫李香，生于弘治二年（1489），卒于嘉靖十二年（1533），弱笄之年，约在15岁，成为陈魁的侧室。

侧室，也就是妾，并非正式婚姻制度内的夫妻关系。按照法律规定，男子纳妾是合法的，“不孝有三，无后为大”，纳妾以求子嗣，非但合法，简直合情合理。《大明律》规定“庶民年四十以上无子者，许选妾一人”，原配夫人没有理由加以反对，自己肚皮不争气，还想胡闹，那就是妒妇、悍妇。

陈魁纳李氏为妾，已经是62岁的老翁，两个成年人的父亲，还当了爷爷。这种年龄纳妾，颇有“纵欲淫逸”的嫌疑，是我们民族的淳厚风俗所不能鼓励的。我屈指一算，当陈谅之降生时，陈魁已届67岁高龄，真乃神奇的爸爸。

妻妾名分不同，不可混淆。“妻者，齐也，与夫齐体之人也”，名义上夫妻平等，夫唱妇随，所谓“死当同穴”，百年后，礼当合葬；“妾者，接也，伺人者也”，人格完全依附于丈夫。妾称丈夫为君或“家长”，称正室为“女君”，气氛宽松的家庭，也有称呼为“姐姐”的，这在惯于粉饰太平的古装戏里常见。在公婆看来，妾也许不能算儿媳妇，妻子是明媒正娶的，纳妾虽然也有婚书、契约、仪式，但毕竟是“纳”，在性质上，终归是一笔买卖。

李氏之于陈魁是妾的身份，如果在宋代，原则上绝不能与丈夫合葬，姬妾只能另辟墓地。元代以后，稍稍网开一面，如元人赵昞《族葬图说》：“其有子之妾，又居继室之次，亦皆与夫同封”。意思是，育有子嗣的妾，可以排位在续弦的继室之后，与丈夫合葬。这种做法，本来有乖礼法，但在明清时期似乎也为许多人家所接受。如江宁景泰、成化年间的沐斌夫妇墓，初建时并列三穴，沐斌居中，先娶的张氏、继娶的徐氏分列左右，侧室梅氏以其子沐琮袭封黔国公爵而贵，所以死后享受“合葬祖茔”的待遇，实则在沐斌墓左侧添建一穴。嘉兴王店万历年间的李湘夫妇墓，李湘与正妻并列双室居后，妾陈氏单室墓居左侧前方，妾徐氏单室墓居右侧前方；陈氏所出的儿子李芳曾高中进士，母以子贵，故而相对于徐氏，占据左侧的尊位。当然，在江浙地区的历年考古工作中，夫妻姬妾合葬的墓例数量并不很多，而且多出于“母以子贵”的殊遇。

李氏的墓志，由她的亲生儿子陈谅之执笔。墓志的写法耐人寻味，李氏虽为传主，但其事迹，在志文中一笔带过，几乎没有正面描述，更多的篇幅倒用来追述嫡母汤氏的妇德。在陈魁及其正妻汤氏相继去世后，“妣（李氏）及谅之失怙恃，赖孟兄（陈行之）存恤”，聊以为生。

侧室与庶出子，地位卑微，人格依附于主人。男女主人双亡后，仍不能独立，在家庭生活中，庶母与庶出子的人格关系竟然还要依附于嫡长子。宁波方言骂人曰“小娘生的”，表示对他人的羞辱与蔑视，可见一斑。

李氏去世后，“安厝于邑之十六都吹台乡之原，从先兆也”。据考古发掘揭示，实为另建一独立墓室，附葬于陈魁的东北角。如果李氏不曾生子，或者儿子不争气（陈谅之当时已是生员），恐怕她也无缘埋入家族墓地，并紧邻主人身旁。明代温州永嘉人、嘉靖八年进士项乔《项氏家训》规定：“庶母不可入祠堂，其子当祀之私室。若嫡母无子，而庶母之子主祭祀，亦当附嫡母之侧。”也许因为当时嫡母之子陈行之已经亡故，庶出子陈谅之当家“主祭祀”的缘故，李氏才得以祔葬丈夫身旁。

南宋权相史弥远，也是庶出子，生母周氏葬于鄞县福泉山王坟畈，距离史弥远生父史浩墓甚远，生子显贵如此，也无法改变庶母的名分。南宋时期“母子合葬”的例子，通常也只限于庶出子与生母之间，除了母子情深，主要原因是身为“侧室”，无缘葬身家族墓地的中心区域。

处州丽水县出土南宋《王琮生母潘氏墓志》，潘氏弥留之际，与王琮约定“生与吾儿相依，死而同葬，勿相违也”，正是庶母与儿子的对话，其情可悯。相较之下，明代永嘉李氏的待遇，堪称礼遇。

妾，人身依附于主人，这一点与依附于帝王的臣僚高度类同。古汉语遂将“臣妾”二字连属。傅斯年先生说：“中国向来臣妾并论，官僚的作风就是姨太太的作风。官僚的人生观：对其主人，揣摩逢迎，谄媚希宠；对于同侪，排挤倾轧，争风吃醋；对于属下，作威作福，无所不用其极。”著名报人王芸生曾评价，“这段官僚论，的确支配了中国历史上大部分的人事关系”。

傅斯年的“臣妾论”“官僚论”，痛快淋漓。如果我们无法在经济上、思想上做自己的主人，那么在生活中、工作中，遭遇一点不顺心，也就无可抱怨。别的行业我不知道，就说我这考古工作吧，一年到头，走南闯北，难免要去一些不喜欢的地方做一点不喜欢的工作，这是我们应该承受的工作的一部分。

【附记】

明代陈魁家族墓的资料，参见浙江省文物考古研究所、温州市瓯海区博物馆《温州市瓯海区焦下明清墓发掘简报》（刘建安执笔），《浙江省文物考古研究所学刊》第十辑，文物出版社，2015年。

黄岩南宋赵伯沄墓发掘记

一

2016年5月3日，台州黄岩区屿头乡前礁村土名“大坟”的地方，当地老百姓在宅基地建设过程中发现古墓，并报告黄岩区博物馆。是日下午，黄岩博物馆及时报告浙江省文物局。

5月4日早上，受省文物局委托，浙江省文物考古研究所领导委派我前往现场指导墓葬清理工作。

我赶赴现场，已是下午3点半。暴露在眼前的是一座砖椁石板顶的夫妻合葬双穴墓，右穴已经残破不全。据出土的墓志，墓主人系赵伯沄妻李氏，李氏卒于南宋庆元元年（1195），次年下葬于黄岩县靖化乡何奥之原。右穴早年遭盗，棺木已朽蚀大半，除墓志外，别无他物。

但是，左穴（男室）保存完好，朱红髹漆的棺木，宛如新造。据1993年重修《黄岩西桥赵氏宗谱》卷七，墓主人赵伯沄，系宋太祖七

• 我们一赶到现场，就开始清理墓室的砖壁。

世孙。南宋初，其父赵子英始徙居台州黄岩县，遂为邑人，绍兴二十五年（1155）生，嘉定九年（1216）卒，赠通议大夫，同年与李氏合葬。

《宗谱》所载，与地下出土的南宋墓志，高度吻合，甚至连李氏的生、卒、葬的年月日都一字不差，想必赵伯沄的记载也应可靠。近代江南的部分族谱，尤其是出自名门大族的，多有所本，其潜在的史料价值，不可等闲视之。

赵伯沄，也是黄岩县城西门外五洞桥的修建者。南宋《嘉定赤城志》卷三“桥梁”载：“孝友桥在（黄岩）县西一里，修六十丈，广三丈，跨大江别浦……。庆元二年圮于水，县人赵伯沄纠合重建，筑为五洞，桥面亦五折，取道当中，坎两旁以窍水，翼栏其上，视旧功十倍焉，今但呼西桥。”五洞桥，至今犹存，今为浙江省文物保护单位。赵伯沄生前应该就定居在县治的西桥附近，其地距离葬地屿头乡前礁村约30公里，当年有水路可达。20世纪50年代建起长潭水库（今为浙江省内仅次于新安江水库、珊溪水库的第三大水库），高峡出平湖，墓地环境，风貌大改，然而，其地山清水秀，群山怀抱，犹能看出当年的好风水。

二

近年浙江发现保存完好的南宋棺木，共有三例：武义徐谓礼墓、余姚史嵩之墓、黄岩赵伯沄墓。前二者均遭盗掘，棺内已经严重地盗扰，赵伯沄墓是唯一未盗的墓例。

棺木的完好保存，有赖于南宋人以防腐为追求的葬制。柏木材质的棺木，坚固厚重，板壁厚约10厘米。内棺之外，又套以外棺，置于砖椁（墓室）内。墓室体量不大。置入棺木后，棺木与墓壁之间，仅留少

• 拆除墓室前壁，赵伯沄内棺露头，保存完好，宛然如新。

许的空隙。在空隙处，再填以松香、糯米汁、三合土，遂将棺木整体“浇灌”于密闭的墓室内。然后，覆以石板盖顶，从而确保棺木与外界环境的隔绝。这就是棺木历经800年仍完好如初的全部秘密。

作为从事宋元考古的专业工作者，我直觉判断这可能是个百年不遇的奇迹。兹事体大，我当即向浙江省文物局文物处许常丰副处长汇报现场状况，提请省文物局出面协调，加强墓地现场工作的安全保障，并邀请中国丝绸博物馆的专家尽快前来黄岩协助清理——因为棺内极有可能存在有机质文物。

当时的墓葬现场，有大量群众围观，把工作场地挤得水泄不通。出于对文物安全的考虑，现场并无开棺清理的条件。我们决定连夜工作，尽早起吊棺木，运回县城。

因为稍早有人在手机微信上发布了相关信息，围观人群中，也有从温岭市大溪镇远道而来的赵氏后裔。我看到的《宗谱》，就是他们从温岭带来的。赵伯沄的后裔，后来有徙居温岭大溪的（温岭即原太平县，创建于明成化年间，宋代隶属黄岩县）。听赵氏后裔说，直到1947年，温岭族人还会到这边来上坟。这曾经是一座豪墓，墓前设有牌坊，此由“大坟”的土名可知。1949年后，墓地逐渐湮没无闻，牌坊于“文化大革命”期间拆除。如今，地表已无任何遗迹。前几年，他们还曾前来寻找祖坟，结果无功而返。

三

根据以往的工作经验，鉴于江南多雨、地下水位较高，即便墓室固若金汤，仍不免会有地下水透过棺木的木纹肌理渗入棺内。表面上看，棺木完好，其实，内部可能早已进水。有经验的考古工作者，必须做好各种预案，至少应该考虑可能有个穿戴整齐的古人，正躺在棺内，而他身上的每件衣物都将是重要的文物。年深岁久，棺内的一切，已十分脆弱，如将尸体浸泡在水中运输，稍有颠簸晃荡，有机质文物必将瞬间瓦解，化为乌有。这是基于过去工作教训的经验谈：早年安吉曾经出土过西汉时期的木棺，因为有水运输，棺内衣物荡然无存。

当完成摄影、测绘工作后，我们开始拆除墓壁。此时天色已晚，山野之间，四周虫声唧唧，辽阔的湖面，一团漆黑，只有我们的工作现场，拉起电灯，亮如白昼。

当墓壁拆去，棺木完全暴露，已是深夜10点多，围观的人群多已散去。棺木表面完好，天衣无缝，人们根本不相信内部可能会进水。我坚持要求务必找来电钻，在棺底钻孔，以释放棺内可能存在的积水。

夜色已深，又地处偏僻，凿开外棺并钻通内棺，实施起来多有不便。民工们只想早点结束工作，回家休息。于是纷纷推脱，表示棺内不

• 工作人员在棺木底部钻孔，以释放棺内可能存在的积水。

• 棺内的积水，从钻孔中流出，经久不息。

会有水的，不必多此一举，叫我无须杞人忧天，如若不信，可以打赌。也有人说，下午准备好的电钻，现在已经送回乡里去了，半夜三更，到哪里去找电钻？其实，电钻就放在附近车子的后备箱里。

这种时候，谁还有心思跟人开玩笑？我严肃地说："必须马上去找电钻，钻孔！放水！否则明天等丝绸博物馆的专家来，打开棺木，满满一汪水，里头搅成一锅汤，我们负不起这个责任，谁都负不起这个责任。"

民工们见我如此坚持，只好拿出电钻。然后，你看我，我看你，谁都不愿意动手，都说把棺木搬上车，早点回家吧。在现场指挥工作的黄岩区文化局符艺楠副局长，只好拿过电钻，亲自动手。观望的民工，看领导亲自动手了，也实在看不下去，纷纷上来帮忙，在棺头的底部及两侧壁，各打上一个钻孔。棺内经年积水，果然通过钻孔，喷涌而出，先是短暂的污水，继而是汩汩不断的清水，不一会儿，地上就淌满了水。显然，棺内早已灌满积水，刚才互相推诿的人们见状，自知理亏，不再说话。

其实，我绝非先知先觉，只是更加小心谨慎而已，面对百年不遇的文物，容不得有半点闪失。

等了一个多小时，棺内的积水依然在流，看来一时半会儿也流不完。我们决定索性放一晚上的水，大家都回城休息，明天早上 7 点半，准时开工，起吊棺木，运回县城。

四

第二日（5 月 5 日），凌晨，下起滂沱大雨。我们冒雨重回现场，三个穿孔再无出水。据彻夜值班的人说，直到凌晨 4 点钟，棺内才不再

• 我们在博物馆外搭起通风的临时工棚，作为开棺的场所。

• 开启棺木现场。

出水，可见木棺的内部空间灌满了积水，贸然带水运输，后果不堪设想。

早上8点半左右，天气放晴，开始起吊棺木，搬上在一旁守候已久的卡车。其间又费了不少周折，按下不表。

棺木搬走后，继续拆除墓砖，试图寻找赵伯沄墓志，但终无所见。墓室内不曾随葬墓志，也许原先的地表上，曾经树立有神道碑刻，所以地下不必重复设置，只能做如此推测了。

卡车起运以前，我依然放心不下，叮嘱司机和押车的朋友，务必平稳行驶，切忌颠簸，以免扰乱棺内的文物。工地现场距离县城，约30公里，我对司机说："只管慢慢来，开三个小时、四个小时，都没有关系。"

中午12点半左右，棺木终于平安抵达黄岩博物馆新馆。我们遵照丝绸博物馆专家的要求，在博物馆西侧空地，觅得一块开敞而通气的地方，搭起棚子，作为工作场所。开棺清理，必须在通气的开阔空间进行，且须靠近水源。

下午四五点钟，浙江省文物局许常丰副处长和省考古所科技考古专家郑云飞博士、摄影师李永加先生一行亦赶赴现场。稍后，中国丝绸博物馆的专家团队也从杭州赶来。

晚上7点半左右，开始开启棺木。棺盖与棺身以卯榫扣合，然后整体髹漆，严丝合缝。开棺过程，为了不破坏木棺的卯榫结构，费尽周折，至晚上11点前后，始告成功。因为棺内可能存在的水银和毒气，我们决定先敞开棺木透气一晚，第二天早上8点半，正式作业。

回宾馆，洗漱毕，已是深夜12点多。昨日从杭州赶来黄岩，我以为是个简单的任务，只要向当地的工作人员交代一下，就可以回家了，连换洗衣裳也没带。初夏时节，天气闷热，鞋子和裤子沾满了泥巴，衬衣被汗水湿透，湿了又干，泛出了盐花，臭酸不可闻。

五

5 月 6 日早上，中国丝绸博物馆专家的清理工作正式开始。棺木内壁抹有石灰和松香以弥缝，棺底亦抹有松香，再铺以一层厚约 5 厘米的木炭。墓主人入殓后，凡有空隙之处，均以衣物填塞，将棺木塞得满满当当。

工作有条不紊地展开，逐层揭取，每揭取一层，均拍照记录。墓主人静躺棺中，穿戴整齐，骨骼完整，须发犹存。清理工作必须赶在一天内完成，并将文物逐件放进临时购买来的冷柜中，以妥善保存。最后，我们将墓主人整体抬出来，置入冷柜。这一天的工作，中国丝绸博物馆周旸、汪自强老师的团队，堪称坚苦卓绝，对于他们的敬业精神，亲历现场的人，无不感动赞叹。

棺内出土了大量保存极好的衣物，也有少数随身的随葬品，如玉石

• 中国丝绸博物馆的同行在清理棺内出土衣物，并做应急性的保护处理。

• 随葬的大量衣物之一。

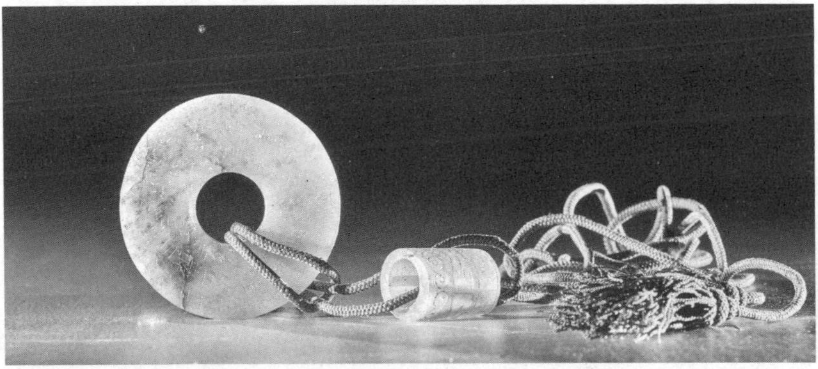

• 随葬的南唐烈祖李昇投龙玉璧，是赵伯沄的随身挂件。

• 投龙玉璧拓片，其铭文曰“大唐皇帝昇谨于东都内庭修金箓道场，设醮谢土，上仰玄泽，修斋事毕，谨以金龙玉璧投诣西山洞府。昇元四年十月日告闻”。

• 随葬的水晶璧。

挂件、铜镜、香盒等物。其中一件玉璧，刻有“大唐皇帝昪谨于东都内庭修金箓道场，设醮谢土，上仰玄泽，修斋事毕，谨以金龙玉璧投诣西山洞府。昪元四年（940）十月日告闻”字样，知为南唐开国皇帝烈祖李昪的投龙玉璧，传世近300年后，作为古物玩好，为墓主人赵伯沄收藏并随葬，尤为难得。

更重要的是，如此系统的南宋男性（文官）服饰成套出土，在浙江省内尚属首例，在全国范围内恐怕也少有先例。唯大量文物尚待清理，全面的研究和价值评估，则俟之异日。可以肯定的是，对即将开馆的黄岩博物馆新馆而言，这将是一笔巨大的财富。

此时此刻，我终于松了一口气，对黄岩的朋友说：“我的工作完成了。这几天压力大，昨晚都没睡好，老担心万一因为我们的工作失误而致使文物受损，不知该如何交代。现在完成任务，终于不负使命。”

2016年5月7日初稿，5月9日改定

雷峰塔地宫考古发掘记

引言

2001 年 3 月 11 日的雷峰塔地宫考古发掘，是曾经轰动全国的文化盛事。

杭州西湖南岸夕照山上的雷峰塔，原本是吴越国末代国王钱俶建造的佛塔。因了“雷峰夕照”美景与白蛇传说，在海内外享有崇高的知名度。

如今，雷峰塔遗址的考古发掘也已成历史，新雷峰塔已从旧址上拔地而起。而我，一个考古工作者，依然继续着田野考古工作，脚步遍及浙江各地。这些年来，参加过的考古发掘项目不计其数。然而，像雷峰塔地宫发掘这样印象深刻、影响巨大的工作绝少经历，今后大概也不会再有类似的盛会了吧。

• 南宋李嵩《西湖图》（上海博物馆藏）是描绘西湖全景的名作，从葛岭到南屏，景物可辨，雷峰塔兀立层霄，飞甍悬铃。

• 元佚名《西湖清趣图》（美国华盛顿弗利尔艺术馆藏）中的雷峰塔，呈五层八面的木构廊檐结构，是今日所见南宋庆元元年（1195）重修后雷峰塔最具体的图像。明嘉靖年间，雷峰塔遭火焚，廊檐尽毁，唯余砖身，直至1924年倒塌。

雷峰塔矗立在西湖南滨，与北岸宝石山上的保俶塔，南北对峙，遥相呼应。这条中轴线，是西湖美景的经典标志。1924 年雷峰塔倾圮后，犹如西子姑娘断其一臂、盲其一目。历来有识之士，多方呼吁重建雷峰塔，恢复“雷峰夕照”景观。

2000 年 3 月，重建雷峰塔计划提上议程。

为配合重建工程，浙江省文物考古研究所承担了雷峰塔遗址考古发掘的任务，由黎毓馨先生担任考古发掘领队。

野外考古工作，分为两大阶段：第一阶段为遗址的发掘，清理了 8000 多立方米雷峰塔坍塌后形成的废墟，揭露塔身、塔基的形制、结构，工作延续近 5 个月，具体时间为 2000 年 4 月至 9 月；第二阶段为地宫、铁函开启以及部分外围遗迹的清理工作，延续近 8 个月，具体时间为 2000 年 12 月至次年 7 月。

• 20 世纪初日本学者关野贞拍摄的雷峰塔，仅存塔心，颓然苍老，呈摇摇欲坠之势。

在遗址发掘的漫长时间里，每天早上 6 点多，考古队员就在前往发掘现场的路上了。考古工作在封闭的环境中进行，考古队员一如身旁寂寞的废墟，与人们经验中的多数考古发掘一样，紧张艰辛却又不为人熟知。

野外工作的主要成果，是揭示了雷峰塔遗迹由保存较为

• 雷峰塔倒后，形成庞大的废墟。在考古队员进行发掘以前，是个几乎与凡尘隔绝的荒芜山丘。每值夕阳西坠，断砖衰草对着斜阳残晖，无尽荒凉。

• 发掘之前，人们对雷峰塔的结构知之甚少。经过半年多的工作，塔身、塔基的残迹，重见天日。每一块塔砖，每一道残垣断壁，都是雷峰塔的实物见证。

完好的塔基、地宫、副阶及残存的部分塔身构成。

雷峰塔高大的塔基，平面呈等边八角形，四周砌有盘石基座。建筑台基由原来西高东低的自然山体经过平整、改造而成。东侧塔基座为双重的石砌须弥座，雕刻象征佛教“九山八海”的须弥山、海涛；西侧因地势较高，基座只采用单层的须弥座形式。

副阶，是佛塔的外回廊。在塔体底层附建外廊，可使佛塔更为壮观，又可增强建筑的稳定性。副阶同时也是佛教徒绕塔礼佛和观看在塔体嵌立《华严经》诸石刻佛经的场所。

塔身，作八边形的双套筒式回廊结构，对径达 25 米，雷峰塔的结构与苏州虎丘塔、杭州六和塔相仿，但规模更大——由外及内，依次为外套筒、内回廊、内套筒、塔心室。地宫，就位于塔心室的正下方。

遗址出土了大量建筑构件、石刻佛经碑文、佛教器物。塔身全由砖砌，据保守估计，建塔用砖不下百万。塔砖主要有两类：一为建筑用的长方形砖，一为藏经砖。藏经砖的规格与长方形砖略同，只是一端设有贮藏经卷的圆孔。1924 年 9 月 25 日（夏历八月二十七日）下午一时四十分，雷峰塔倒塌，藏经砖中曾出土大量雕版印刷佛经。

石刻以佛经为大宗，大小碎块凡 1100 多件，经过拼接，多数为《华严经》，余为《金刚经》及《陀罗尼经》。除此，还有钱俶亲撰的《华严经跋》及记载南宋重修雷峰塔的《庆元修创记》残碑。

佛教器物材质有金、银、铜、铁、陶、石等之分，题材广泛，以各式造像为主，如内悬金瓶的纯银阿育王塔、四面雕刻佛像的方形石塔以及佛、菩萨、罗汉、金刚力士、供养人等。这些文物原本藏于塔身内，塔倒时自高处坠落，多已残破或变形。各类文物具有明确的唐、五代风格，应为雷峰塔初建时由信徒舍入的供养品，正可与钱俶《华严经跋》记载塔身“工艺像设、金碧之严”互证。

今天，我们关于雷峰塔的知识能够远远超越古人，主要就因为考古工作者在遗址中的发掘。这是一项艰苦而又寂寞的工作。然而，真正引起巨大轰动且为公众熟知的，依然是地宫的发掘。

地宫篇

地宫位于雷峰塔塔基中心的塔心室下方，是遗址的重要组成部分。

地宫保存完好。正方形的砖砌竖穴式地宫，长、宽各约 1.4 米，深 1 米，内壁抹有石灰，口部以一块方形石板密封，石板上又压以巨大的顶石，固若金汤，无盗扰迹象。

地宫发掘的日子，定在 2001 年 3 月 11 日。

• 雷峰塔地宫发掘，掀起了新闻热潮，至今仍被许多新闻界人士称为“21 世纪以来浙江省最大的文化新闻事件”。这张照片摄于地宫发掘后临时举行的新闻发布会，当时盛况，可见一斑。

• 发掘地宫的第一个步骤，起吊顶石。

• 揭开地宫石盖板。

消息传开，海内外翘首期盼。浙江电视台对地宫发掘做全程现场直播，中央电视台、香港凤凰电视台以及来自北京、上海、辽宁、河南、山东、江苏等省市30多家媒体，对考古发掘的每一步骤都在第一时间追踪报道。

发掘工作从3月11日上午九时开始，一直延续到次日凌晨三时，从镇塔顶石起吊，直至取出地宫底部最后一枚“开元通宝”铜钱，用了18个小时。

这18个小时，对雷峰塔而言只是短短一瞬，但对经历其事的考古队员而言却是难忘的记忆。当年，我曾写过一篇地宫发掘手记《漫长的一天》，发表在杭州某报纸上，记录下发掘前后诸多兴味盎然的瞬间，至今印象深刻。现在稍稍加以改写，移录如下：

此前，我从不相信考古会成为万人瞩目的显学。当年上大学，被考古专业录取，母亲摇头叹气，很为这冷门的学科和我的前程担心，多年来，一直如此。

我无法说服母亲，因为考古确实少人喝彩。长年奔波于田野，其间虽有艰辛与快乐，然而这极边缘的感受，又有几人愿意分享？

然而这一次的雷峰塔地宫发掘不同，在千万双眼睛的注视下，在摄像机的包围中，却是第一回，也不知以后是否还有如此盛况。我有点紧张。

3月10日，发掘前一天。考古队在工地现场讨论明天可能会遇到的情况，大家畅所欲言，最后达成共识：处变不惊，一切按照考古发掘规程办事。

从工地回来，已然夜深。队员们约好沐浴净身。黎毓馨说他还要上炷香，我们从不迷信，只为明天祈祷。地宫发掘，起吊顶石的时候，辘轳出了意外，竟然很快化险为夷，大家都说是这几炷香的功德，果然“佛光高照”。在紧张的气氛中，我从来不是个善于总结的人，现在想来，这起意外，可归纳为两点：一、化险为夷，全赖前些天的充分准备，以及时任浙江省文物考古研究所所长曹锦炎先生与考古领队黎毓馨的现场指挥；二、外界盛传考古发掘为配合电视直播，事前经过周密“彩排”，巨石砸在钢管上的一声闷响，击碎了谣传——当然，这是后话。我还是应该按照时间顺序来记录漫长的一天。

3月11日上午六点半。我们登上了开往工地的汽车，地宫发掘计划于上午九点整开始。地宫里究竟有什么，那是个未知的世界，不必去想。路上，大伙有说有笑，但到底有些不同，犹如肥皂剧中英雄美人貌似平静的道别。

七点多，抵达现场。看到记者朋友比我们来得更早，人数也更多。他们迅速冲破防线，占据有利地形拍照采访，任凭如何劝阻，也不肯离去。我终究心软，对付记者，我不是合格的门卫。当时我还想，记者与考古工作者从事着不同的职业，可是敬业精神是相通的。可见在发掘前夕，我仍有胡思乱想的闲心。

九点整。我们把手机都关了，发掘正式开始。如同朋友们在电视上看到的一样，起初，工作气氛有点紧张，大伙按照部署，各就各位，忙着各自的工作。我来不及想些别的，也不感觉摄像机的存在。我的心绪是在地宫盖板揭开、文物露头之后复苏的。这不是文章的偷懒做法，我保证。

大约在十一点整，地宫的石盖板在钢管撬动下，掀开了。舍利铁函、铜佛像露出朦胧一角，所有人惊叹不已，期待中的文物终于露脸了。只见舍利铁函置于地宫正中，铁函下叠压有大量各种铜钱，并夹杂玉钱、玉龟、料珠、玛瑙饰件、铜镜、银臂钏等物，以象征供养舍利的“七宝”。铁函之外的地宫空隙处，堆满了鎏金铜佛像、银腰带、玉观音像、玉童子像、贴金木座、漆镯、铜镜、铜钱、丝织品、经卷等文物。地宫内壁贴有小佛像、毗沙门天王像及圆形镂孔银饰件——这是千年前的文物。发现的快乐，考古队员经常体验，但这次不同，我们的快乐被摄像机传播出去，有千万人共享。古人说“独乐乐不如众乐乐”，快乐被放大了千万倍，刹那间，我觉得自己是个幸福的人。

十二点整，电视直播结束。后来的工作进程，是电视台录播的，后来几日陆续播出。电视人为他们的成功直播而欢呼，掌声响彻工棚。我得说，直播不影响工作，但是欢呼声干扰了我。我忌妒他们竟能毫无理由地比我们更加快乐。

十二点半，大家吃过盒饭，稍事休息。兴奋让人不感觉疲倦，接下来，还有更繁重的工作，文物必须在当天清理完毕，更要确保资料完整，挑灯夜战在所难免。

由于地宫空间狭小，文物层层叠叠，清理难度很大。大伙初定拆除地宫西南壁，等待著名考古学家徐苹芳先生等人的意见。

下午三点左右，徐苹芳先生赶赴现场，认为该方案切实可行。

说干就干，黎毓馨与其他考古队员沈岳明、孙国平、彭必平开始拆除砖壁，曹锦炎所长叮嘱大家若是累了，就换另一批队员。孰料从下午三时开始直到次日凌晨，他们把“轮休”的建议抛诸脑后。每一次的催促，都被他们以“工作久了，熟悉情况，心里有数”为由拒绝了。由于他们的坚持，我一直从事着相对轻松的工作，文物出土时做文字记录，无文物出土时看守文物。

记录文物时，我感动于他们的忘我工作。看守文物时，我像个赌气的孩子，双手捂着文物，未经许可决不让别人看上一眼，深怕宝贝在别人炽热的眼光中熔化。

我就这么碌碌无为地过了无数个小时。

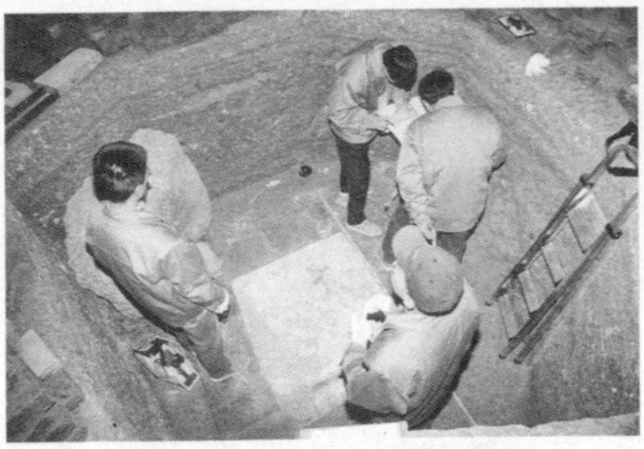

• 地宫盖板暴露后，测量、绘图。

• 地宫开启。

• 提取地宫内的丝织品文物。

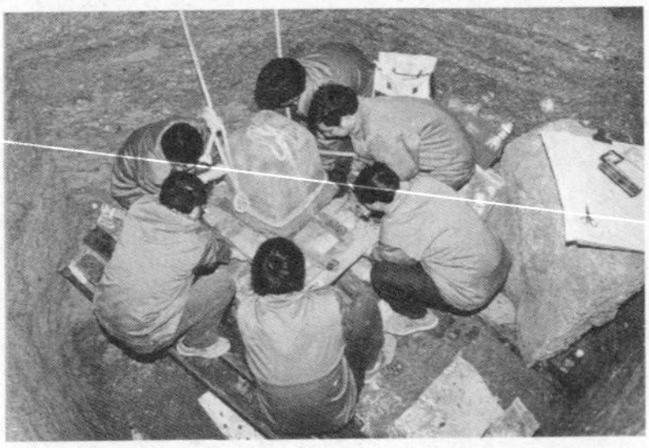

• 将舍利铁函，搬出地宫。

• 铁函开启后，工作人员清理阿育王塔。

直到次日零点前后。地宫中最大的文物——铁函要出土了。一身好气力，总算派上了用场。为防止铁函底部脱落，我们先用木板托底，然后周身绑上绳索。一帮人自底下往上托，另一帮人抓住绳索往上提，小心翼翼搬出地宫，再由七八人前呼后拥，抬上久候在外的汽车。

铁函出土了。电视台的朋友大松了口气，走人。我们小松了口气，继续清理地宫内残留的小件文物。

凌晨二点。我们将文物送抵位于西湖孤山的浙江省博物馆山洞库房，随即返回工地。汽车在西湖边，飞也似的跑。凌晨的西湖万籁俱寂，这是我们此生仅有的在西子湖滨的“违章驾驶”经历。

凌晨三点，考古队全体人员在遗址现场合影留念，发掘至此结束。

夕照山下，我们打点行装。曹所长宣布发掘人员明天休息，反正可以恶补，我竟然产生了彻夜狂欢的念头。在车上，我才意识到刚才的冲动，我有点困了，迷迷糊糊，不知身在何处。我猜想，一定是发掘后半程碌碌无为的缘故，因为始终坚持坑底作业的同事，毫无倦意，一致呼吁找一家餐厅，等待黎明。

凌晨五点，我们走进一家位于湖墅南路的永和豆浆店，一进门，我们就夸他们二十四小时为民服务的精神，说人家肯德基、麦当劳也办不到，归根结底，还是大饼油条的中国传统文化过硬。服务生被夸得高兴，说你们不就是电视中的人嘛，昨天的雷峰塔地宫发掘直播真好看，老祖宗真厉害，归纳起来，也就是中国文化有魅力。我们也被他们夸得高兴。

凌晨六点。回家，倒头便睡。

一觉醒来，天已大亮。电视、报纸上全是地宫发掘的消息。我给母亲打了电话，说，孩子从事着一项有意义的工作，至少在今天是这样的。

铁函篇

地宫发掘后，雷峰塔有如神通广大的孙悟空，摇身一变成了当红明

星，事无巨细皆有“新闻”。而舍利铁函的开启，成了雷峰塔最大的悬念，就像镇压于五行山下的孙悟空，人们盼着他解放。大家朝夕期盼，铁函内到底有哪些文物？

考虑文物的安全，开启铁函的地点定在浙江省博物馆山洞库房，时间是 2001 年 3 月 14 日晚间七时整。工作过程谢绝记者采访，各路记者在浙江省博物馆门口彻夜守候。

我当时也写过一篇《开函记》的工作手记，发表在《钱江晚报》上，标题改为《我亲手打开了铁函》。有点“标题党”，但可以借此了解铁函开启的全过程。照例稍加修改，抄录如下：

……

3 月 14 日下午三点，我的手机响了，是曹锦炎所长的声音，叮嘱我好好休息，晚上可能要加班。至于工作，临时通知。

我奉命在沙发上靠了一会，后来又一串电话铃声将我唤醒，催促马上出发。我看手表，傍晚六点钟。

我们的车子从正门进入省博，径直奔向山洞库房，文保专家和保卫干部已在门口，大家热情寒暄。不远处，有很多记者守候。那些望眼欲穿的记者，应该守候了一整天了。

在狭小、闷气的空间里，开启铁函的工作是在晚上七点钟开始的。

我很不情愿以流水账的形式记录开函的过程，因为无趣，但朋友告诉我，只要与雷峰塔有关，账簿也能出新闻。我只好硬着头皮记下能记住的一切。

我们先将库房内可有可无之物移至室外，解开铁函上的绳索，去掉铁疙瘩身上的水锈，接着赵丰先生（作者按：时任中国丝绸博物馆副馆长）开始清理粘在底部的丝织品。待一切就绪，准备开函。

• 地宫不甚大。舍利铁函置于正中，其下堆放数以千计的铜钱、杂宝。铁函以外的空隙处，有鎏金铜佛像、银腰带等文物。

• 地宫内供奉的佛祖释迦牟尼像，作螺丝发髻，面容丰满，双目微闭，面带微笑；身穿通肩长衣，流畅的衣纹恰如其分地显示了质感。佛祖盘腿端坐在莲花座上，作说法相，慈祥地庇护着世间芸芸众生；莲花座下，有一巨龙托举，巨龙造型，刚劲有力，剑拔弩张。坐佛在背光的衬托下，在巨龙的对比下，更显威严与安详。

• 地宫发掘后，最大的悬念就是舍利铁函。铁函打开的一刹那，只见一座金涂塔巍然耸立，底部水锈斑斑，上半身则光彩照人，一如新造。

• 钱俶为吴越国王时，效仿阿育王造八万四千塔故事，铸造八万四千金涂塔，颁布境内，甚至有远播日本者，多有实物传世。雷峰塔地宫内供奉的纯银阿育王塔，内藏佛螺髻发。这是钱俶当年建造雷峰塔的目的所在。

十九点四十二分，在曹锦炎所长的协调指挥下，黎毓馨、沈岳明、孙国平和我憋住一口气，将罩在铁函底板上的盖子垂直往上提，平移至一旁。过程很顺利，根本没有人们想象中的困难。

千呼万唤的铁函打开了，只见一座金涂塔夺目而入。

地宫早年肯定进水了，因为舍利塔底部水锈斑斑，而上半身光彩熠熠，完好如新，钱俶当年所见应该也就是这样的。真漂亮啊！

盯着宝塔发呆总不是办法，我们开始端详、清理铁函内的每个细部。文物站在面前，纹丝不动，只有生活在函底的无名小虫，怕是受了惊吓，慌不择路。

舍利塔下压着一个银盒，大概为了节省空间或是让金涂塔能够站得稳当，盒盖反扣在盒子上。起初，我们还以为是造型奇特的香炉与盘子套叠一起，直到将盖子反转过来，才恍然大悟。盒内也有一汪浑水，地宫早年进水，顿成铁案。

盒子四周环绕有一条皮质的腰带。有机质文物最难清理，赵丰花了很长时间，才算取了出来；另一边，文物保护专家也用清水小心翼翼地擦拭新鲜出炉的两件银器。在他们灵巧的双手下，宝塔、盒子面貌焕然一新，只是那盆可怜的清水成了混沌世界。

中途，我曾跑到室外将脏水倒掉，只见远处仍有记者守候。对不起，当时我忘了看时间。

有以上几件国宝，按理说也该满足。不料腰带清理后，还叠压着一面铜镜，镜纽上还缠着丝带。丝绸文物专家赵丰反复申明不能伤害了娇贵的她，怜爱的眼神像是慈母凝视怀中的婴儿。

至此，铁函内置放的内藏金棺供养佛螺髻发的纯银阿育王塔、鎏金银盒、镂孔鎏金银垫、鎏金银腰带、铜镜、铜钱、玻璃瓶、丝织品等供养品，悉数重现人间。最后，我们为所有文物摄影、录像，铁函开启圆满完成。时间，深夜十一点整。我的流水账，到此为止。

2001 年 4 月 28 日，地宫与铁函内出土文物，在浙江省博物馆全面展览。杭州市民及来自全国各地的游客争往参观，盛况空前。

后记

2001 年，我尚未及而立之年，并不是雷峰塔地宫发掘的骨干人员。大概因为当年的我，笔头较快，文字也活泼，所以，曹锦炎所长安排我参与工作，并写一些发掘工作的亲历手记，以配合雷峰塔地宫发掘的新闻宣传。因为雷峰塔本身巨大的影响力，我的几篇笨拙的工作手记也曾引起很大的轰动，这当然不是因为我的文章好。而今天，我以亲历者身份冒充闲说天宝旧事的白头宫女，更是不妥当的。

在雷峰塔遗址、地宫发掘的文化盛事中，黎毓馨领队、曹锦炎所长付出最多、贡献最大，包括我在内的所有考古队员，有幸共襄盛举，深感与有荣焉。

【附记】

本文定稿于 2011 年 3 月 11 日雷峰塔地宫发掘 10 周年前夕。写作时，参考了浙江省文物考古研究所（黎毓馨）编著《雷峰塔遗址》（文物出版社，2005 年）与 2001 年本人撰写于地宫考古发掘期间的工作手记《漫长的一天》《开函记》。如果没记错的话，前者发表于杭州《都市快报》2001 年 3 月 12 日，后者发表于《钱江晚报》2001 年 3 月 15 日。

行路记

越窑、沙僧及其他

十多年前，我在慈溪上林湖发掘越窑遗址，常常苦闷于史料的缺乏。现代人认为瓷器是中华民族的伟大创造，足以充任古老文明的伟大象征，古人却以为碗碗盏盏、盆盆罐罐，无当大道，无关风雅，简直不值得浪费笔墨。唐宋文献关于越窑瓷器的记载十分稀少，零星片段的材料，也是弥足珍贵，学者恨不能将其置于显微镜下剖析之。

南宋江少虞《宋朝事实类苑》卷九《名臣事迹》“魏咸熙”条：魏咸熙是北宋初宰相魏仁浦之子，任杭州知州时，大宴宾客，“宾友集馔，陈越中银缸、陶器。僮仆数人，共举食案而前，相嘲诮，足跌，尽碎之。坐客皆失色，咸熙殊不变容，但令易他器，别具蔬果，亦不加笞责。人皆服其量，以为刘宽之比”。宴席上的“越中陶器”应即越窑瓷器。冒失的仆人，打碎了瓷器，众人皆大惊失色，唯独魏咸熙像个无事人，足见其为人的宽厚大度，可与东汉时期以仁厚宽恕著称的名臣刘宽媲美。

据《淳熙三山志》《咸淳临安志》诸书综合考察，魏咸熙知杭州，事在北宋雍熙四年（987）至端拱二年（989）间，按照考古学家对越窑瓷器的分期研究，越窑生产正处于兴盛期。从字面上说，在当时的上层宴会中，打碎越窑瓷器，是令人心痛的事件，即便故事发生在距离越窑中心产地余姚上林湖（两宋时期，上林湖地区隶属越州余姚县，今属慈溪）并不十分遥远的杭州。

可是，偏有学者说“这故事一方面显示了魏咸熙的雅量，另一方面也表明越窑精品在当时很容易得到，并非稀罕之物”。这就怪了，既为大路货色，众人因何大惊失色，又何从体现主人的气度呢？

更合理的解释，越瓷是珍贵的，碎了，主人不以为意，适可见其气度之大。

慈溪市博物馆的厉祖浩先生，曾在北宋孔延之编《会稽掇英总集》中读到的谢景初《观上林垍器》诗，可以证明越窑瓷器的珍贵。1999

• 慈溪上林湖的湖光山色之间，曾是唐宋越窑的中心产地。

• 上林湖唐宋越窑遗址，窑址废墟，分布密集，瓷片、窑具等废品，如同山积。

年，厉兄与我同住上林湖。夜间，湖上风声大作，周遭漆黑一团，我们居住的小屋像一只船儿在汪洋中飘摇。我们常常聊得很晚，有一次，他兴奋地说，最近发现了一首描写越窑瓷器特别重要的诗歌——当年的古书，是无法电脑检索的，只有真正的读书人，才能发现所谓“秘籍”。

北宋庆历七年（1047）前后，谢景初出任余姚知县，曾经到过上林湖考察，并作《观上林埴器》诗云：“作灶长如丘，取土深于堑。踏轮飞为模，覆灰色乃绀。力疲手足病，欲憩不敢暂。发窑火以坚，百裁一二占。里中售高价，斗合渐收敛。持归示北人，难得曾罔念。贱用或弃扑，争乞宁有厌。鄙事圣犹能，今余乃亲觇。”

这是唐宋众多“咏瓷诗”中记事最具体、最有史料价值的诗歌。“发窑火以坚，百裁一二占”——偌大的龙窑，成千上万的坯件，只能成功烧造少量的精品；“里中售高价，斗合渐收敛”——新鲜出炉的佳器，就地高价出售；“持归示北人，难得曾罔念”——把瓷器带到北方，奇货可居，北人甚喜欢。

根据考古学家研究，北宋庆历年间，越窑生产已过鼎盛期。但是，好瓷器依然珍贵。

关于魏咸熙性情宽厚的佳话，流传很广。《宋史》卷二四九《魏仁浦传》：“咸熙性仁孝，尝会宾客，家童数辈覆案碎器，客皆惊愕，咸熙色不变，止令更设馔具，其宽厚若此。”所记实为一事，但未特意强调打碎的是何种器物。客人惊愕的只是“碎器”本身，至于器皿珍不珍贵，实非关键。

故事的重点，是为了说明魏咸熙性情宽厚，如果糟蹋了贱货，一副无所谓的态度，稍稍值钱的东西，就不淡定了，这算什么名士风度？乡下人认为皇帝的生活无非就是在紫禁城里用金扁担挑大粪，穷人家立誓发财后学富翁模样，餐餐吃馒头而且吃一个扔一个。这些都是下人的逻辑，以为上等人的生活也会跟我的爷爷奶奶一样，打破了碗，找个补锅锔碗的，修修补补，接着用。

儿时读《西游记》，最为沙僧抱屈。孙悟空大闹天宫，捅了大娄子，被罚护送唐僧取经，罪有应得；猪八戒调戏嫦娥娘娘，影响恶劣，也犹有可说。沙僧不过失手打碎了玉玻璃，竟被玉帝“打了八百，贬下界来”，难道就因为玉玻璃特别值钱?

“普天之下，莫非王土”，天下万物都是玉帝老儿的，一口碗盏，何足挂齿，犯不着火冒三丈。沙僧作为“卷帘大将”，是玉帝的贴身侍从，他的形象、气质代表皇家颜面。可是，他偏偏在王母娘娘的蟠桃会上，一个特别讲面子、拼排场的场合，冒冒失失，打碎器皿，在众神面前，丢玉帝的脸。你让老佛爷一日不快活，老佛爷就教你一辈子不快活。华贵宴会上的各种禁忌，是小民不能理解的生活，也许这才是沙僧不幸的根源。果如是，与小心眼的玉帝相比，魏咸熙确实堪称宽厚。

我过去以做学问的名义，死钻牛角尖，读书支离破碎，有悖“读书明理”的古训。鉴古知今，终于明白，这个故事根本就不是瓷器、琉璃器值不值钱的问题，而是在告诫我们小心做人，伺候主子，务必战战兢兢。否则，活该像沙僧一般，脸色铁青，挑一辈子重担，穿一辈子小鞋。

樊岭

1934年，梁思成、林徽因夫妇调查宣平县（今属武义县）陶村的元代建筑延福寺。当年不通公路，梁思成夫妇坐轿子前往陶村，曾经路过武义樊岭村，这段旅行记载于梁思成1946年出版的《中国建筑史》。梁思成趁工作之便，顺带考察了沿途的山区民居，他认为樊岭的乡土建筑因地制宜、随形就势，“就地取材的农村建筑，如人们在浙江武义山区的农村中所见……这使人不得不承认，建筑总是渗透着民族精神，即使是在如此偏远地区偶然建造的简陋小屋，也表现出这种情况”。

梁思成多年前的学术著作，一再重版，至今畅销，堪称中国出版史上的奇迹。今天的人们，说起梁思成，就想到林徽因，继而便是“人间四月天”“你若安好，便是晴天”的掌故。这是可以理解的，但我们要记住，他们夫妻俩的主要成就，并不在于鸳鸯蝴蝶。

文艺青年捧红了很多人，也糟蹋很多人，糟蹋了张爱玲，再来糟蹋林徽因；文艺青年炒热了很多地方，也糟蹋很多地方，糟蹋了云南丽江，再来糟蹋浙江乌镇。这叫作“依次糟蹋”。我在武义工作时也不能免俗，总想追寻梁思成伉俪当年的足迹走走看看，曾经的老地方，如今的新模样。

我来到这里，远处的山峰，高耸入云，就是樊岭。山脚下的村庄，名叫“樊岭脚”，梁思成当年所见“渗透着民族精神”的民居，依然可见。

有条河水，流过樊岭脚。出村后，汇入武义江。然后，依次流过兰溪江、新安江、富春江、钱塘江，在杭州湾奔腾入海。

钱塘江，分段起了许多好听的名字，听着复杂，其实就是一条江。富阳至桐庐段称富春江，建德以上至徽州段称新安江；兰溪江是新安江的支流。总之，樊岭这边的支支叉叉，属于钱塘江水系。

河水离开村庄的地方，称为“水口”。如同我们在生活中感悟到的道理，金钱财富是“水性”的，财富之水会聚集、流动、冻结、蒸发，

• 樊岭村的水口。河水离开村庄的地方，乃一地风水、财运、观瞻所系，是江南传统乡村最为用心经营的地方，竭力营造出优雅的自然、人文环境。如在樊岭所见，水口浓荫蔽日，并建起廊桥、文昌阁。旅人到此，小憩片刻，心旷神怡。

• 武义传统农村最漂亮的水口，在郭洞村。郭洞，是何氏家族聚居地，村落依山傍水，因“山环如郭，幽邃似洞”而得名，村北水口松柏、香樟、红枫等古树参天，掩映着城垣、老桥和亭台楼榭，与东侧的山脉互为依托，形成秀丽、幽邃的水口风光。

既能以柔克刚、无往不利，也能藏垢纳污、吞噬生灵。风水先生说，流水是财富的象征，流水滚滚而逝，犹如财源滚滚不可留，水口必须加以关锁，以锁住财源。于是，樊岭脚的水口，浓荫蔽日，并建起廊桥、文昌阁。在环境宜人的水口，小憩片刻，清风徐来，旅途的劳顿，顿时烟消云散。

樊岭的另一边，河流是往大山背面的瓯江去的，先是汇入宣平溪，继而流经丽水、青田，最终在温州入海。我猜想，山那边的山脚，也该有个村庄，也该有个水口，也该与樊岭脚一样古意盎然——可惜，我不曾去过山那边——也无妨，想象中的田园更有意境。

一山之隔，河流各奔东西，互不相扰。明清时期，山这头的樊岭脚，隶属于金华府武义县，山那边的无名村庄，隶属于处州府（今丽水市）宣平县。大山两边，风俗方言，迥乎不同。樊岭，是浙江金华与丽水地区的自然分界线。

1958 年，宣平县撤销建制，并入金华武义县。曾经的两府分界，远近闻名的樊岭，已为武义县境内一座平凡的山峰。

或许是“平凡”之故，如今的樊岭，果然改名“凡岭”。当地的朋友说，你的说法是不对的，谁都不愿意自甘平庸，大家只是嫌弃“樊”字繁杂，不好写，于是，顺手找个字形简单的同音字，代之以平凡的“凡”字，如此而已。

“樊”字到底有多繁，这个问题，我无法回答。

吾乡台州玉环县清港镇凡塘村，南宋时期出过一个进士，名叫樊汝舟，是宝祐四年（1256）“文天祥榜”进士。《宋宝祐四年登科录》至今完整存世。吾乡玉环是个海岛小邑，南宋时期——对不起，当时并无玉环县，只是温州乐清县的玉环乡——不说蛮荒之地吧，至少也是相当偏远的海岛。名见经传的进士，历宋元两朝，唯独樊汝舟一人。

樊汝舟进士及第后，曾在家乡建造过一条海塘。后人感念他筑塘围田的功绩，称之为“樊塘”，村以塘名，也便唤为樊塘村。沧海桑田，南宋海塘如今已为乡间的田埂小路。樊塘，大概是樊汝舟留给家乡的唯一存世的文化遗产。

地不分东西南北，人不分男女老幼，玉环人与武义人，海边人与山里人，同样怕麻烦，同样嫌弃“樊”字难认难写。曾几何时，樊塘改名为“凡塘”，凡岭的“凡”，平凡的“凡”。

贪图一时的便利（如果这也算便利的话），乡土文化中最具诗意、最有故事的部分，从此韵味全失，说来索然寡味。我认为，这种做法是不划算的，只是不知道，梁思成先生若有机会旧地重游，又该作何感想？

龟山

温州乐清和永嘉两县交界地方，有个小山头，蜷缩在大山脚下，据说远看像只乌龟，故名龟山。我登临大山之巅，一览众山小，顺着老乡的手指头望过去，龟山果然越看越像一只探头探脑、首尾完整的乌龟，脑袋伸进乐清境内，尾巴则落在永嘉那边。

龟山旁的大山，属于雁荡山余脉，照例有名有姓，当地唤为“凤凰山”。江南到处有凤凰山，杭州凤凰山是南宋皇宫遗址所在地，上虞县上浦镇凤凰山是三国西晋时期的越窑精品窑场。据说天下的凤凰山都有来头，山势犹如展翅翱翔的凤凰。我看不出大山哪里像凤凰，也许该飞到太空俯瞰才行。江西的风水先生踏勘地理形胜、指点阴阳穴位，需要寻找这样的制高点，用时髦的话说，就叫上帝视角。

2014 年，我来龟山不为看风水，而是为了发掘古窑址。龟山南麓散落着许多碗盘坛罐的碎片，可以判断为五代末北宋初的青瓷遗址，面貌与同时期的越窑瓷器类似。不过，龟山在行政区划上属于温州地区，

• 地表的杂草清理后，只见龟山上散落的瓷片，遍布山野。

• 瓷片、窑具的废品，堆积成山，猜想当年龟山的烧窑人，应该相当苦恼，因为成品率并不算高。

• 窑址上，有很多现代坟墓。

所以大家就说是“瓯窑”。其实，越窑与瓯窑，大同小异，青瓷出于温州者叫瓯窑，出于宁绍地区者叫越窑。

考古发掘是乐清方面的主张，而窑址的分布范围又多半落在了永嘉境内。于是，我们固守乐清一隅，不敢越境半步，眼睁睁看着窑炉遗迹和废品堆积延伸进入了永嘉。考古发掘从来不是单纯的科学探索，常常涉及复杂的人事关系，比如占地补偿、青苗赔偿，我有时像个考古学家琢磨古代的遗迹、遗物问题，有时又像个乡镇干部跟今天的老百姓打交道。乐清地头的青苗赔偿，我们与乐清这边的老百姓谈判；永嘉地头的占地补贴，就找永嘉人讨价还价。乐清地头的事，永嘉人没有配合的义务，除非我们心甘情愿被永嘉人敲竹杠；反之亦然。我们既然奉命为乐清办事，只好秉承“多一事不如少一事”的古训，轻易不动永嘉的一草一木，以免引起纠纷。

这本来是同一片沿乌牛溪分布的窑址群——龟山窑是乌牛溪流域古窑址群中的一个组成部分。与今天的行政区划无关，古窑址群本是有机联系的整体，但如今乌牛溪是乐清、永嘉两县的界河，在乌牛溪中下游，两县以河为界，泾渭分明。在其上游地区，却又未严格按照河流分界，将好端端的龟山，硬生生割裂为两地，乌龟脑袋属于乐清，下半身留在永嘉，毫无道理可讲。

说到考古发掘，朋友们说那一定是妙趣横生、悬念重重的神奇之旅，电视上都这么演：在考古人小心翼翼的手铲下，千年前的遗址，渐渐撩开了她神秘的面纱……

是的，本次发掘确实“神奇”。乐清的半壁江山，白花花的现代坟墓又占去大半。温州地区流行的坟墓，呈太师椅造型，习称“椅子坟”（日本冲绳也曾流行类似的坟墓，称“龟甲墓”）。就这样，我们在龟山半山腰的考古工作，与其说是挖掘古代瓯窑青瓷文化，不如说是在现代坟堆里见缝插针，刨点东西。

考古发掘时，更高的地方另有一帮造坟师傅正忙着新建椅子坟。一条简易道路，从山脚直通山顶，径直穿过窑址区，无数的陶瓷碎片被翻了出来，散落一地。造坟所需的水泥、块石、石子、砖头，沿着道路，源源不断地搬到山上来。倘若不加约束，不出几年，古窑址必将消亡，而代之以一片崭新的坟场。我在前头弯弯绕绕，说许多话，原来就是为了这事前来龟山抢救发掘古窑址的。

椅子坟，自山脚蔓延上来，密不透风，疏可走马。山脚下的村庄，洋房林立，屋前屋后全是坟墓，阳宅阴宅和谐共处——这是温州乡间的特色风物，此情此景，本地人习以为常，只有初来乍到的外乡人，才会觉得触目惊心。

凤凰山下还有多处比龟山规模更大的坟地，椅子坟层层叠叠，漫山遍野，白花花一片。经常有老人，在家人陪同下，来现场考察“寿

• 我们在半山腰发掘古窑址，山顶另有造坟师傅，正在建造新椅子坟。

坟”。温州人素以具有忧患意识著称，许多人正值壮年，就为自己量身定制了百年后的长眠之所。我每每看到老人们前呼后拥地过来，春风满面地离开，打心眼里为他们高兴，想必大家对阴宅的“硬件”、风水的“软件”相当满意。子孝孙贤，风水完美，人生夫复何求。

坚固的椅子坟，由块石、石子、砖头，拌和水泥筑成。造坟师傅说，建造稍稍体面的椅子坟，费用从几万、几十万至上百万元不等，当地甚至有举债造坟的人家。

我说：“死者已矣，耗费许多钱，占据许多地盘，何必呢？”

“人生在世，辛苦一世，死后就应该住舒服点。”师傅头也不抬。

“死者已矣，有什么舒不舒服？”

师傅说：“做人一辈子，到头一场空。到了孙子、曾孙那代人，谁还记得爷爷、太公的名字呢？做个好坟，至少让子孙在清明节容易找到地方。”

“好坟可以管多久？一百年，一千年？眼前的坛坛罐罐，距今一千多年，谁还记得当年的烧窑人？”我问。

“唉，哪能管一百、一千年。造个好墓，大家就说这户人家有钱，是个孝子，名气好听，好坟做给死人用，更要做给活人看。”

我在龟山工作的收获，除了调查乌牛溪流域窑址群和获取大量瓷器标本，就是终于读懂了温州的椅子坟——自古及今，人类以最大的激情从事各种劳动，只为换取内心的充实，以抵抗宿命的苍凉。做点事情，有个念想，找个寄托，椅子坟如此，考古工作亦如此。

工作结束后，我向乐清方面汇报考古成果，主要意见有：龟山窑址产品丰富，品质较高，对认识温州五代北宋时期的青瓷生产有重要学术价值。永嘉的朋友听闻消息，心头一热，说：“既然龟山这么好，那么也来挖掘一下我们永嘉这边的青瓷文化吧。”

于是，前一年我在乐清那边挖龟山，第二年，又应永嘉文物部门要求，在永嘉这边的龟山接着挖。老实说，我反对第二年的工作，因为此前的收获，对认识当地的青瓷面貌，材料已经足够充分。扩大发掘面积，只是多挖几件坛坛罐罐而已，两百个罐子和三百个罐子没有区别。“量”的简单积累，无法给我们新的知识。

曾几何时，我常常抱怨重复性劳动的无意义。现在我的心态好多了，就算无法创造新知识，考古发掘至少可以充实地方的馆藏文物，就算没有精美文物，数量的增加也可能让更多的人看到本土的古代青瓷，犹如一座座椅子坟，据造坟师傅说，大大小小，多多少少，总有意义的。超越了自然界的人类，都是为“意义”而活着的动物，而“意义”本无所谓有，也无所谓无，只能依靠自己去寻找、去定义、去创造。我们每天努力赋予世间万物以各种各样的意义，当我这么想时，人生容易多了。

子城

唐宋时期的州郡城市，通常有内、外两圈城墙：外城，称“罗城”；内城，称“子城”。州府的官署衙门，设于子城之内，刺史知州、大小官吏在此办公，子城遂为一地政治权力的中心。我国历来是“讲政治”的国度，城市亦多“政治型”城市，子城既为权力中心，也就是城市的中心，譬如紫禁城之于北京城。

城市中心，黄金地段，在历来的城市建设活动中，容易遭到破坏，唐宋遗址难以完整保留下来。比如湖州子城，只保存了东城墙的一段；台州子城，今为临海城内某医院用地；温州子城，仅存南门的谯楼；宁波子城，也只存南城门，称为鼓楼；经过整治开发的金华子城，是个观光区，然古迹殊少。唯有嘉兴子城，晚清以来，由衙门改为军营，1949年后为军区医院，从而躲过20世纪90年代以来的城市化浪潮，整体格局保存至今，在浙江的“古今重叠型”城市中，堪称奇迹——2015年以来，调查勘探嘉兴子城遗址是我的本职工作之一。

子城，相对罗城而言；若无外城，也就无所谓内城。隋开皇九年（589），杭州立州之初，州城位于凤凰山上，城墙“周围十里”，范围甚小。晚唐时期，钱镠割据两浙，在“小城”之外，又围以一周外城，将凤凰山“小城”改为吴越国王宫，也即杭州子城。吴越国纳土归宋后，杭州城承袭旧制。宋室南渡，南宋定都临安，将子城辟为大内皇宫，元陈随应《南渡行宫记》说“皇城十里”，可见南宋皇城正是隋城的规模。元灭南宋后，拆毁杭州城墙，大内亦遭毁弃。元末重建杭州城，竟将原来的政治中心——凤凰山，整体割弃于城外。此乃唐宋元三代杭州城市变迁之荦荦大端。

我的朋友、浙江大学历史系陈志坚教授《杭州初史论稿》对该问题有精彩论述，他认为南宋临安三志（乾道、淳祐、咸淳《临安志》）记载“隋杨素创（杭）州城，周回三十六里九十步”是个句读错误，正确读法是“隋杨素创州城。（今城）周回三十六里九十步”。误读始于宋

• 清末的嘉兴府谯楼，当年的城根，树立有许多石碑。

• 今日的嘉兴子城谯楼，城楼依旧，石碑已无存。

人，早在宋代，人们就误以为隋杭州城的规模等同于南宋临安府城。殊不知隋代杭州只是凤凰山头的蕞尔小城，“周回三十六里”的大城是经过钱镠加筑的结果。《杭州初史论稿》纠正了流传已久的误会，也揭示了中古时期江南城市常见的发展模式——初为小城，后来加筑外城，发展为宋代州郡典型的“内外重城”形态。

金华、湖州、嘉兴子城遗迹，照例都是所在城市的历史文化地标。自宋代以来，各地的志书，通常把子城的源头追溯到三国孙吴时期或更早。将子城的前世，追溯到唐代以前，当然合情合理，如金华（东阳郡）、湖州（吴兴郡）升格为郡城，均在孙吴时期。无奈孙吴距今已远，文献不足征，当时的郡治是否筑有城墙，地点是否与后世子城重叠，诸如此类，一切皆是未知数，我们至今无法确切知晓唐代以前多数江南城市的形态。至于嘉兴县升格为秀州，已晚至吴越国时期，孙吴时代的嘉兴县，县治是否就设在今天的子城位置，也不得而知，我们固然不必贸然否定古书，但也不能“尽信书”。

1994 年，我游学厦门时，选修过一门叫作“泉州港考古”的课。宋元时期的泉州港，是当时世界性贸易大港，泉州城市史的研究课题很受福建历史学者的重视。最初的几堂课，总在争论一个问题：泉州的子城、罗城，孰先孰后？有人说，当然是先有罗城，后有子城，未有“母”城，何来“子”城？如今想来，这是把城市史当成生物学来研究，结论大有问题。其实正好相反，南方城市的发展模式：通常先有小城，用来保护官衙，更像是城堡，不必贪大；后来有了盛民的需求，所以有大城的建设；加筑大城后，原来的小城，遂为“子城”。

子城是唐宋州郡城市最重要的特征。宋元鼎革后，天下城墙尽毁，犹如销毁核武器不足以保障世界和平，城墙的毁弃非但未能带来太平盛世，反而招致更大规模的动乱。元末，各地纷纷重新建起固若金汤的城墙，然而大力恢复的通常只有外城，内城该拆的拆、该倒的倒，随其自

• 我在嘉兴子城的北城墙位置，做了一条解剖探沟。从地表至生土深达 5 米左右，从现代的水泥地面，直到战国时期的地层，嘉兴城市 2000 多年的发展史直观地呈现在剖面上。我希望每一座历史文化名城，都有这样的城市剖面，将千年的历史变迁展示出来。

生自灭。至明代，多数城市的子城普遍堕毁，而嘉兴也只保留其南门城楼——谯楼，以壮衙署之威武。子城作为城市制度，逐渐消失于历史长河之中，曾经城市生活中的常态，如今听来倒像陌生而遥远的名物，在金华、温州、临海等地，仅仅残存一个地名而已。

基业

我于浙江的自然地理，尝有两大喟叹：一曰“嘉兴无山”，江南卑湿之地，地势平坦，有水无山，有如美人眇其一目；二曰“东海不蓝”，东南濒海之区，海水混浊，泥质滩涂，如此海滨，不可喻为美人矣。

吾乡玉环县楚门镇胡新村，位于东海之滨。老家的同学，总是问我何时能为家乡的考古事业做点贡献。开玩笑，考什么古！吾乡由滩涂淤积成陆，距今两三百年，地下四五尺，全是贝壳。在这种“软土”上，是挖不出古董的，如果建房子，倒首先必须加固地基。

我家老屋是晚清建筑。吾生也晚，未曾亲见当年建造房子时建筑台基的情形，文献也失载。反正从我记事起，由于地基沉陷，墙头倾斜，并裂开一道口子，颇有倾覆之虞。我的童年在提心吊胆中度过，幸亏它不至于像雷峰塔那样真的倒掉。

1982 年，拆除老屋建新居，沿墙基的走向，挖掘深约一米的长沟，在长沟内，填以大小不一的块石，以为承重之基。此种奠基法，吾乡称为“做墙脚”。做墙脚的块石，由家父用板车从远方的采石场载来，一连数月，劳累过度，家父因此染上肝炎，长年反复之病情，重挫了男人的斗志。即使后来的小洋楼拔地而起，也不足以抚平创伤，家父常常后悔当初不该如此拼命，输了身体，赢了世界又如何？

万丈高楼平地起，重点在于基础。家父的付出终有回报，直到 2014 年拆迁前，吾家小洋房，始终不动如山。

如今，我家又在建造新房子。这一次不再有劳家父，一台台打桩机，此起彼伏，穿透地层深处，注之以钢筋混凝土。从此基业稳固，大可高枕无忧矣。

与吾乡的海滨滩涂一样，嘉兴水乡平原也是软土之乡。行文至此，朋友想必已经明白，我以一段阴阳怪气的话语作为文章开头，只为了抛出一个蓄谋已久的话题——在“前打桩机时代”，浙江沿海地区如何处理建筑地基。

在明成化十二年（1476）以前，吾乡玉环楚门隶属温州府乐清县。我读乐清史乘，从来将其视同于乡邦文献。楚门镇前身是明初创建的楚门所，与乐清的蒲岐所，隔海相望，同属于磐石卫（今乐清磐石镇）。两大所城，共同守卫乐清湾，防御海上的倭寇。

楚门所城，今天除了绕城一周的护城河，城内的十字街，尚可分辨旧时格局外，已无具体的古迹遗存。蒲岐所城的城墙与城门，还有部分保留，当年拆除城墙时，有人曾记下城墙基础的做法："地平以下一米至二米深处的基础，均是乱石、条石一排排铺陈，并有烧焦表面的杉木、松木打桩，间以横木，填以巨石、捣臼、杵头、础石、残石柱、破碗、乱砖等。"

软土之乡，以打木桩的方式加固地基，古已有之。北宋李诫《营造法式》卷三"筑基"条称其为"地钉"，用来打筑入地的地钉，也就是一段段"木橛"。木桩烤焦表面，或为防腐。1995年，磐石镇的温州电厂建设，磐石卫城东门遗址下，也出土大量木桩，一端削成尖锥状，为便于打桩入土。嘉兴地区大运河两侧的驳岸，其下亦有密密麻麻的木桩。2012年，我在海宁长安镇调查唐宋大运河史迹，在驳岸之下"打地钉"是普遍采用的地基加固法。至于以"残石柱、破碗、乱砖"等杂物填充地层，也是地基加固的常规手段。

传统的木构建筑，以平面铺开为主。相对而言，高耸入云的塔幢，对地基有更高的要求。乐清县城乐成镇，东西二塔对峙，乃当地观瞻所系。东塔，始建于北宋，至今犹存；西塔，则为近年重建，旧塔早已在元代坍塌。两塔始建年代相当，后来的命运却大不相同。这是因为东塔建于山梁基岩上，基础牢固，故而挺立至今；而西塔建于泥岩上，地基松散，很早就倒掉了。

嘉兴平湖县报本塔，前些年在重修时，从塔刹中发现了明郑和款

• 乐清城郊的东塔，至今巍然挺立，是为城市最重要的地标。

《妙法莲华经》经卷，轰动一时。明嘉靖四十二年（1563）疏浚城河，堆土成墩，建报本塔于沙洲之上。由于地基不牢固，未及百年，便已坍塌。清代顺治、康熙、乾隆、道光年间屡修屡塌，皆因根基先天不足。海宁硖石镇东山之巅的智标塔，坐落于基岩之上，就坚固多了。

嘉兴地区的石头山本来就不多，境内现存古塔也远较他乡为少。海宁、海盐县的近海处，如黄湾、袁花等地，倒有点像样的山丘，可惜当地的采石场，将好端端的青山挖得千疮百痍。我路过黄湾，每每为之叹息，境内少山若此，居然不自珍惜，目光短浅，一至于此。

牌坊，作为一字排开的立面式建筑，对基础也有很高要求。1997年，乐清县城南大街路面翻建，曾经发现一座明代牌坊柱的基址。乐清市文物馆陈纬先生亲临施工现场，以《明“潜昭”坊遗址调查》一文记下坊表的基础构造，自上而下，其构造是这样的：一、坊柱深插入土中，约占全柱高度的四分之一；二、立柱后，置条石斜撑，填入沙石灰混合土，夯实，其上安斗板石、设基座、施抱鼓，使坊柱纵向固定；三、为杜绝地基沉降，先以成排的木桩插入土中以增强淤泥的抗压强度，木桩上置边长七八十公分的方形础石，础石上植柱，把牌坊的垂直承重，扩大分散于地下，分解为面的均摊负荷。各地数量众多的明清牌坊，历经百年风雨，至今屹立不倒，良有以也。

我第一次读到这篇文章，感动不已，仿佛看见一位老人，蹲坐在纷乱的街头，任凭路人投来古怪的目光，埋头记录着公路施工队挖取牌坊柱时的每个细节，这是怎样的有心人——陈纬先生于2012年病逝——愿他的灵魂安息。

东南沿海地区的最大传奇，来自福建泉州洛阳桥。洛阳桥，建于北宋皇祐五年至嘉祐四年（1053—1059），由泉州知州蔡襄倡建，大桥建在松软的泥沙冲击层上，桥长784米，凡41孔。建桥佳话，在闽浙两地广泛流传。我在乐清北白象镇的乡下，看过一出名叫《蔡状元造洛阳桥》的瓯剧戏文。

• 余杭塘栖广济桥，是大运河上的一座多拱石桥，弧线优美，宛若长虹饮涧。

在戏文中，蔡状元（原型即蔡襄）目睹行人往来江海时的种种不便，发愿造桥，艰难卓绝，幸亏有观世音、东海龙王以及从温州赶来的各路神仙的鼎力相帮，终于得偿所愿。在史实层面，建桥的技术难度主要集中于地基，先将无数大石块沉于江底，作为桥墩基址，再以“种蛎固基”，种下成片的牡蛎，附着于桥基上繁衍生长的牡蛎，把分散的石块胶结成牢固的整体，从而加固桥墩。洛阳桥匠心独运的工艺，脍炙人口。乐清县天成乡的万桥，宋代尚位于入海口，如今距离海岸线已远，据说也采用了“种蛎固基”的办法。

大小桥梁，是江南水乡的特色风物。高耸的单拱石桥，犹如初月出云；弧线优美的多拱长桥，宛若长虹饮涧。我在嘉兴、余杭时，偶尔像个风雅文人，欲将眼前美景，入诗入画；偶尔又像个不解风情的工匠，只想钻入地下，一探桥堍、桥墩基础之究竟。好在持类似想法的过客如我辈者，一定不多，简直绝少。

古邑永嘉

过去的温州府永嘉县是个附郭县，县治设在温州城内，地跨瓯江南北，包括瓯江以南的今温州市龙湾、瓯海、鹿城三区，不像今日的永嘉县，只局限于以楠溪江流域为中心的江北一隅。

古邑永嘉，县境辽阔，自东南而西北，依次划分为一都、二都、三都……，直至五十一都、五十二都。永嘉县是第一至第五都，也称“永嘉场”，即今天的温州市龙湾区。它地处江南，面朝大海，宋代以来即为远近闻名的大盐场，故名永嘉场，简称永场，又音转为“永强”。温州的飞机场，卜址于此，便唤作“永强机场”。

两宋时期的永嘉场，人物未见其盛。在明代前期，也不显山露水，永场人世属“灶籍”，以煮盐为业，当然也有种田务农的。但到明代中期后，忽而文风大兴：二都李浦王氏家族的王瓒、王健父子；英桥王氏家族的王澈、王激兄弟，王澈之子王叔果、王叔杲兄弟，王叔果的从弟王德；二都七甲的项乔；三都普门的张璁。自明弘治至嘉靖年间，半个多世纪，科甲蝉联，名公辈出。

他们都是温州历史上响当当的人物，除了王澈是个举人，其余均为进士出身。尤其是张璁，温州人称“张阁老”，更是嘉靖初年“大礼议”的核心人物，深受明世宗宠信，官至内阁首辅，权倾一时。张璁当政期间，所作所为，影响深远，读过《明朝那些事儿》的人都知道。

二都和三都，方圆不过几里地。我在当地调查王瓒家庙、张璁祖祠和王叔果兄弟建造的永昌堡，往返于李浦、普门、英桥三地之间，只靠步行或人力车。这样的弹丸之地，几十年间，人物繁夥如此，真是奇迹。

王叔杲，明嘉靖四十一年（1562）进士，生前颇负文名，也精通地理堪舆术。他对家乡充满了自豪感，说，永嘉场盛出显宦巨室，就因为本地的好风水，“永嘉场虽僻在海隅，实中出之干也。北为瓯江，南为飞云江，两江夹龙，东汇于海，而岛屿环列。来龙叠嶂，从西南降，势悉为山冈，散气铺阳而聚于二、三都之间………虽蕞尔之区，而一郡山

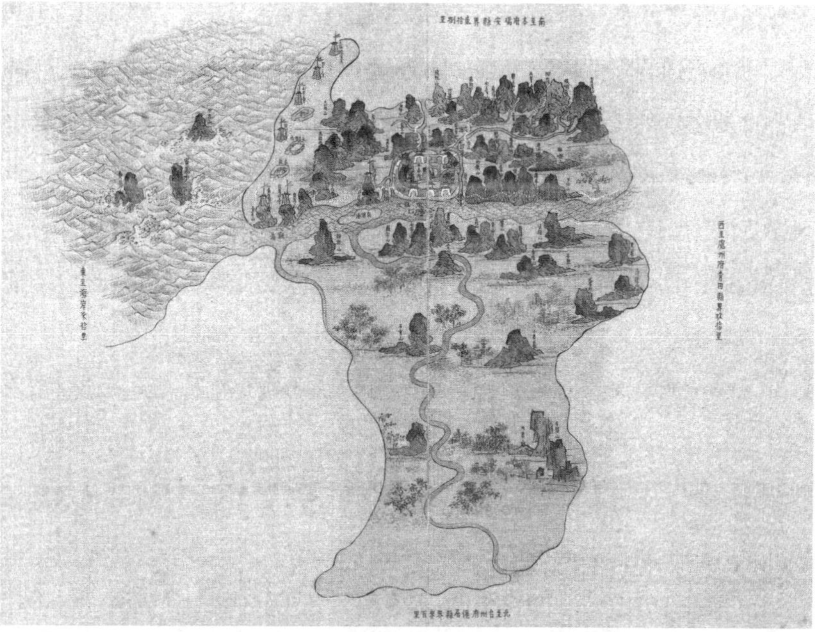

• 清初《浙江温州府属地理舆图 · 永嘉县图》表现永嘉境内山川，形象直观。

• 乾隆《永嘉县志》卷首所附《县境图》，详细描绘永嘉县五十二个都的分布：自东南海滨，至西北山区，依次划分为第一都、第二都、第三都……，直至五十一都、五十二都。

水总揽殆尽”。

“人杰地灵”的因果关系，向来是一笔糊涂账，先有灵气的自然环境，造就杰出的人物，还是因为先有的“人杰”，再赋予地方的灵异之气，并不容易说清楚。我猜想，永嘉场多半是先有人物，然后才有王叔杲赋予的山海之秀。龙湾的自然环境固然美丽，但论山川之秀丽，无论山脉起伏，抑或河川流转，就今日所见，龙湾恐怕都不是江北地区的楠溪江的对手。

王叔杲的哥哥王叔果，嘉靖二十九年（1550）进士，编纂《嘉靖永嘉县志》时，同样为家乡深感自豪。他认为，一都至五都，负山濒海，有鱼盐之利，尤其是二、三都，多出仕族，实乃“风气所钟”；六都至十九都，即今瓯海、鹿城区，河川纵横，土沃水深，有田可耕，有山可樵，可谓“乐土”，然而好山好水未能带来好人物。俗话说“山不在高，有仙则名”，缺少人文内涵，佳山水也是枉然，自然不好跟他的家乡二都攀比。

至于二十都至五十二都，约今以楠溪江流域为中心的永嘉县境。两宋时期，文物颇盛，名人显宦如刘安节、刘安上、木待问、戴溪，更有寄情山水、诗文风流的“永嘉四灵”，他们都是楠溪江孕育的英华。但到明代，就差远了，当地很少再出大人物，越往楠溪江上游去，在靠近台州、处州（今丽水市）的偏远山区，地旷人稀，简直连一户有钱人家都难找了。

这就跟我们今天惯常想象的温州历史图景很不相同。我看龙湾，高楼林立，马路宽阔，极目四望，与全国各地的新兴城市并无两样，竟以为是毫无历史底蕴的新开发区呢。我看楠溪江，苍坡、芙蓉、岩头等明清古村落，青山绿水，粉墙黛瓦，稻美鱼香，左看右看，这才像个钟灵毓秀、人文渊薮的文物之邦。

芙蓉古村落、岩头老街区，今天是热门的旅游地点，过去属于永嘉

• 永嘉县楠溪江中游的岩头镇芙蓉村。

县第四十八都地，按照王叔果等一干明朝人的说法，都是些穷乡僻壤。而今，我们反以为那里文脉悠悠、自古繁华，殊不知正因为其相对封闭、落后的环境，才侥幸保留了更多的古风古意。而当年聚集着更多的财富、更好的建筑、更多文化精英的地方，比如东海之滨的龙湾，城市建设，日新月异，传统风貌，荡然无存，人们行走其间，即便再有想象力，也无法感受历史上的辉煌光景了。

渤海纪事

一　渤海

渤海，是景宁县城至青田县北山镇沿线最大的集镇。说是大镇，只是相对于丽水山区而言，若在宁绍温台地区，只能算规模稍大的村庄。

村庄南面傍河，是瓯江中游最大的支流。这条江面宽阔的大河，当地却称为“小溪”，因为瓯江的干流叫作“大溪”。

2007 年上半年，我来到村庄。因为滩坑水库的建设，山村即将淹没，人们正忙着移民，村庄显得杂乱颓败。尽管如此，还是可以清晰分辨村庄的基本格局——大江在村庄的尽头拐一个弯，迤逦东去；江畔有一片鹅卵石滩，滩头有个简易的码头，泊有渡船，算是渡口；自渡口登岸，有条与大江平行的道路，这是村庄的主干道；在主干道侧方，生长出的枝枝杈杈，使村庄的道路系统看着像是圆周率的符号“π”；村舍就在“π”的沿路两侧散布开来。这是浙南山区沿河村落典型的聚落形态。

我们的考古队，租住在江边空荡荡的房屋内。推开窗户，便是鹅卵石滩，空闲时，我们喜欢坐在滩头闲聊。

入夜后，江边空旷无人。据说，20 世纪 50 年代，滩头曾经枪毙过人，每至深夜，大鬼小鬼，哭声窸窸。其实，那是风过树梢的声音。

二　陈坦庵墓

我到山村来，为了渤海一座明墓的清理和迁建。古墓位于水库的淹没线之下，即将随同村庄淹没，必须赶在水库蓄水之前，将坟墓迁往更高的山头。

古墓保存很好，是景宁畲族自治县的县级文物保护单位。据矗立墓表的《坦庵先生陈公墓志铭》碑，墓主人姓陈，名旭，号坦庵，“成化间以赈边授承事郎”，是捐钱换来的小官。陈旭生于永乐二十一年（1423，《墓志铭》作“永乐癸酉”，实为“癸卯”之误），卒于明弘治十年（1497），寿七十五，下葬于嘉靖八年（1529），当地称为“陈坦庵墓”。

陈坦庵墓，规模宏大，营造考究，是浙南山区罕见的豪墓。当地《渤海陈氏族谱》收录有清康熙五十五年（1716）《重修墓记》，称“上下左右石板圈砌，宽广十余丈，立墓铭，建墓门，创石庵，结构甚佳”，县官老爷见了，赞叹道：“为孝子者，不当如是哉！”

旧族谱中的这类大话，未必全然可信。然而，陈坦庵墓园犹存，果然“上下左右石板圈砌”，规模确实不小，营造确实讲究，确实非富甲一方的孝子莫办。

孝子，即陈旭之子，名叫陈邃，是明代景宁的巨富。刚才说道，陈旭下葬于嘉靖八年，距其去世，已隔 30 余年——正是孝子发家致富以后，为亡父补办的风光大葬。

至于陈邃如何致富，详见后述。

三　渤海陈氏

今日的渤海村，依然是陈氏族居之地，陈旭是他们共同的祖先。考古队开工时，乡亲们听说我们从省里来帮助陈家人迁移祖坟，纷纷表示欢迎，来看望、指导我们工作的人终日不绝。

清明节当天，陈氏族人每家各户派出一位代表前来上坟祭祖，列为数排，仪式隆重。不同房派、彼此血缘疏远的族人，约四五十人，齐聚陈坦庵墓下，祭祀 400 多年前的远祖，这在别处是不常见的。古话说

• 被滩坑水库淹没前的渤海村，拍摄于 2007 年 3 月。

“礼失求诸野”，今天在浙南山区仍有生动的例子。

有个老人，家住墓地下方，退休前是小学教师，我叫他陈老师。因为白内障，陈老师眼睛不好，即使我站到他跟前，他也看不清我。但是，陈老师思维敏捷，谈吐优雅。

陈老师给我带来各种《陈氏族谱》。我所寓目的《渤海陈氏族谱（家乘）》，共有四种版本，最早的是清道光二十八年（1848）的，最晚是 1995 年新修的本子。历史上，《陈氏族谱》共修过八次，“道光本”已经是今天村庄里能见到的最早版本，只剩一册。光绪十六年（1890）编修的族谱，是个足本，有赖海外族人保存得以传世，前些年又流回村里。我在渤海时，主要就读这个“海外孤本”的复印本。

族谱中绘有坟图、村图。坟图描绘祖坟的外观样式，记载其具体地点，为人子孙，祖坟自当岁祀不废，书中的陈坦庵墓虽为示意图，但与今日所见，大同小异；村图描绘村庄的地理形势、道路建筑，连水井、古木也具以标明。100多年后，换了人间，村庄的基本格局和过去仍无根本性的改变。

四 “银王”传说

陈老师说，他的明代祖先陈璗，也就是建造豪墓的孝子，是个大银矿主，号称“浙南银王”，渤海对岸的银坑洞全是他开采后留下的遗迹。“璗公”有本事，站在山头，呵一口气，地下的银子，泉涌而出。或说，璗公在大江对岸，每至一处，左脚下有银，右脚下即有金，丝毫不爽。种种神奇的故事，在当地流传了几百年。

陈璗经营银矿开采之事，文献不载。各种版本的《景宁县志》《渤海陈氏族谱》也只说他是个“富甲一郡”的义士孝子。这倒并不奇怪，“重本轻末”的传统社会，经商做生意已算末业，以开矿这样复杂的业态，一个“包工头”，即使暴富，又有什么可夸耀的呢？明代龙泉县的顾仕成，以经营青瓷生产、贸易致富，旧《龙泉县志》亦仅载其孝行义举。相对于发家致富，好人好事，善行义举才更值得载诸文字。

传说是可信的。山高田少的偏远山村，乡居者何以暴富？对岸的银坑洞遗址，村庄里散落的粉碎矿石用的石磨盘，就是证据。

明代的银矿开采，由政府控制，不论军民人等，若非官府特准，私掘、私煎属于重罪。银矿开采，多采用“官督民办”的方式，由官府在产银地设立“银官局”。银官局成立后，有司征集矿头、矿工进行开矿，每年向朝廷缴纳额定的银数，名曰“银课”。矿头多以地方豪右充任，负责银矿生产的组织和管理。很多人因此而破产，但有个别人因此

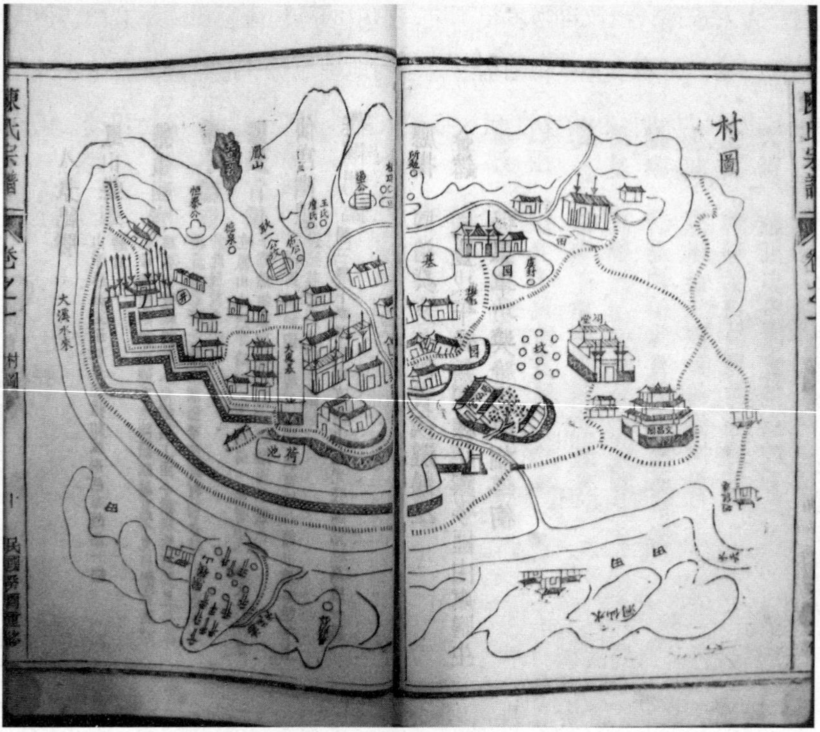

• 光绪《渤海陈氏族谱》中的村图，村庄与今日所见未有大改。

发家致富。陈璗，是当年少数的幸运儿之一。

在第一线劳作的矿工，来自社会底层或为亡命之徒。朝廷设局的目的，是一种变相的杂税徭役。只要一纸命令，一切人工、成本责成地方筹措，每年按定额依期缴进银课，朝廷坐享其成。各级官吏趁机上下其手，矿头也不肯轻易吃亏。于是民不聊生，矿工暴动，时有发生。明代丽水县陈善恭，庆元县叶宗留、邓茂七等矿工起事，在浙南山区为祸之烈，旷古未有。

开矿的名声，终究不好听。据陈坦庵墓前树立的《墓志铭》碑，陈旭天性至孝，但是家境贫寒，母亲去世时，“罔豫石甓以固封域”，无钱财置办砖石墓室，日夜唏嘘，“忽梦神人来告，舍侧疃场有瘗金，发

• 陈坦庵墓，规模宏大，以石板圈砌，营造考究。

• 《陈旭墓志铭》碑，原先覆盖有碑亭。碑亭毁圮后，只剩下一通光秃秃的碑刻，立于墓表。

土如梦”，于是建墓冢、作祠堂，不在话下。《墓志铭》以神仙托梦在屋外空地得“瘗金”致富的故事，神化陈氏家族的财富来源。然而，采矿致富的真相，则隐晦地在族人中以口耳相传的方式，传诵至今。

五　银坑洞

在浙南山区近千年来的历史中，大概很难再有比明代银矿开采更重要的历史事件了。

明代处州府（丽水地区）的银矿开采，规模之大，远逾前代。《明史》《大明会典》《明实录》多有载之。传统矿业有金、银、铜、铁、铅、汞、朱砂等，银铜铁在经济上较重要，其中尤以银矿扰民最深，这是明代银矿之利独厚的缘故。

银矿开采改变了山乡历史。今天丽水地区所辖诸县，景宁、云和、宣平（今隶武义）三县均设置于“矿乱”平息之后不久的景泰三年（1452），初衷都是为了管理银矿开采与防范矿工暴动。

景宁县的银矿喧嚣一时，但到清代只剩下了“废坑诸址”。同治《景宁县志》载境内“废坑”凡十一处，均为明代银矿遗址，其中，“渤海坑”名列榜首。

渤海坑，《景宁县志》所载地望“在一都。东至本村一里，南至金钟十五里，西至菉草十五里，北至县六十里”。所谓“本村”也就是渤海村。今天渤海村的隔江对岸，崇山峻岭之间，有许多废弃的矿洞。

我见到的银坑洞，位于峭壁之上。矿洞是矿工用锥凿、火爆法开凿出来的，古人沿矿脉走向，在暗无天日的洞穴内，上下曲折斫取。枝枝蔓蔓的矿洞里，今天偶尔还能捡到锤子、凿子等工具。

明代景宁籍进士潘琴，有一篇作于成化十四年（1478）的文章《送

• 渤海坑的山上有许多银坑洞。当年，一位名叫陈学普的老人为我充当向导，寻找银坑废洞。如今，我不知道他移民何方。

• 我所见的银坑洞，洞口通常仅容一人出入，入洞后，始豁然开朗。

曾二尹致仕序》，描述当地的银矿开采，大意如下：矿工在洞内燃起火烛，像蛇一样地曲折前行，用锥凿一寸一寸地取下矿石，遇上坚硬的岩石，就用火烤，火烈石爆，经常有人当场毙命。他们在暗无天日的洞内，蜷曲在“粪壤寒水”之中，形貌饮食与猴子蛇虺没有两样。因为极度疲劳，或为毒烟侵蚀，丧命者不计其数。稍稍有点收获，而有权势的人早已睥睨在旁，强取豪夺，任凭你如何哀求也没用。“呜呼，银冶之毒，殆有过于捕蛇、采珠者欤！”

开矿之乱象，矿工之艰辛，今日读来，犹催人涕下。

六　太监局

渤海坑有个名叫“太监基”的地方。当地传说，明代这边出生的一个男孩，后来去紫禁城里当了太监，故曰“太监基”。

我见到的太监基遗址，地表不见明确与采银、炼银有关的遗迹。但有一处老房子的基址，在一夏姓村民的宅基地西侧。暴露的屋基，面阔约 14 米，进深约 8 米，后、左、右三方为整饬的石驳勘墙。条石地栿用材粗大，规格明显高出一般的山区民居。该基址是否为明代遗构，未敢遽断，然其地处荒僻，其地素无祠堂、寺庙等大型公共建筑，则是可以肯定的。

我推测，这可能是明代的银官局遗址，当年负责银矿开采、催征银课的官署机构。明代后期，朝廷大量起用中官（太监）担任“矿使”，派驻各地银官局。浙南山区的“银官局”，也称“太监局”。1988 年，景宁的邻县云和黄家畲银官局遗址，曾出土明天顺二年（1458）管理银官局太监阮料所立的碑刻，其文曰：“普庵菩萨在此百无禁忌。钦差内官阮料在于黄家畲坑，管采办煎销课银官局。天顺贰年六月。”同治

• 黄家畲出土的《百无禁忌碑》，见证了银官局与监矿太监扰乱地方的史实。

《云和县志》卷八《古迹》载，“太监局，一在县北二十里石富，一在县西五十里黄家畲，明季内臣管矿税处”。

钦差太监的到来，骚扰地方。地方官员或与其狼狈为奸，或选择洁身自好，但地方的抗争多以失败告终。天顺年间，矿税盛行，云和知县刘洁走投无路，竟至于自杀。万历年间，银矿开采变本加厉，毫无制度可言，人民苦难空前，所谓“矿税之弊”，臭名昭著。《牡丹亭》的作者汤显祖担任遂昌县令，忍无可忍，挂印而去，也是因为无法处理开矿带来的严重的社会问题。

因为渤海曾经设置过“太监局”，后世音讹为“太监基”，并传说这里出过太监。银官局的设置，说明渤海坑曾是浙南重要的矿区。当然，太监的到来，本身就是官府残酷盘剥底层民众的象征。

我在调查银矿史迹时，当地人对“壑公”的开矿故事津津乐道，却没有人能够准确说出家乡曾经遭受的苦难，有人甚至说银矿开采证明我们的祖先科学发达，技术高明，真伟大，了不起。

如今，太监局遗址已被水库淹没，唯余无数的矿洞散落山间，诉说着过往的历史。偏僻的山野，从底层民众、士绅豪右，到地方官员、钦差矿使，直至国家兴亡，都曾经因为开矿而紧密联系在一起。

历史的记忆或遗忘，都是选择性的。很少有人愿意铭记历史的苦难，在传说中，臭名昭著的太监局是一则八卦插曲，千万苦力的悲惨命运不如一个矿头的成功佳话。

七　陈璗事迹

陈璗的发家致富，对村庄的历史发展影响深远。在流传有序的族谱中，“璗公”是家族史中承前启后的重要人物。

陈璗开矿积累的财富，十分巨大。陈老师说，当年璗公进县城办事，要路过另一位富豪的家门。富豪说，你不是很有钱嘛，有本事就别从这边过。璗公气不过，果真另辟了一条通向县城的大路。

这个故事也很离奇。但同治《景宁县志》卷一《古迹》“陈璗旧道”条，记载陈璗与同县胡岳的竞富逸事，与陈老师的说法几乎完全相同。可见，两个暴发户之间的斗气竞富，实有其事。这条因为赌气而开辟的道路，县志称为“陈璗旧道”，在大江对岸仍有断续存留，在水库蓄水前，我曾去过。

县志、族谱中有很多关于陈璗建造义塾、义冢、祠堂、豪墓、赈边鬻爵的记载，全是“义士孝子”的标准做派。除此，陈璗还有地方豪强的一面，县志说他于正德七年（1512）“捐资千余金”，招募义兵，讨伐山寇，保卫家乡。

不过，陈璗的子孙们似乎并未继承开矿的祖业，陆续都走上了读书

“进学”的道路。据《景宁县志》卷九《选举》篇，陈伦、陈佑是景宁县嘉靖年间的“岁贡”——陈伦、陈佑，是陈璗的儿子。

“璗公”是村庄辉煌历史的象征，所有人都乐于传播他的故事，夸奖他有本事，富而好仁，是个义士，修祠堂建豪墓，是个孝子。四五百年后的今天，人们依然以他为荣。

八　消亡

“璗公”当年的作为，除了陈坦庵墓，多数未能保留下来。义冢、义塾估计很早以前就消失了，大祠堂则在“文化大革命”期间拆除。

陈老师说，拆除之前的祠堂气派极了。这是我在乡下到处都能听到的话，最好的祠堂和牌坊，从来只在老人的记忆中。

他见我不服气，就带我去看散落在村庄里的祠堂旧构件。我见到一个圆鼓状的柱石，砌在土墙里头，果然硕大无比。柱础雕刻有精美的纹样，其上镌刻有“大明嘉靖九年”字样。这是陈璗为父亲建造豪墓的第二年。我在浙江乡下见过具有明确纪年的柱础石，只有这一次。

陈老师说，“我们的村庄反正就要淹了，你要是喜欢的话，我把土墙推倒，你把柱础拉走吧”。而我说，“这家伙好几百斤重呢，我可搬不动”。

2007年下半年，水库开始蓄水。村庄随同我未能带走的柱础石，永远长眠水底。随之淹没的，还有那片鹅卵石滩——陈老师曾与我坐在滩头，同看夕阳落山。

我让陈老师失望的，还不止柱础这一件事。1995年新修的《渤海陈氏族谱》为八卷本，印数较多，每个独立的家庭各藏一部。陈老师家藏新谱的第一卷因为子女携往异地不慎遗失，他很生气，说，族谱应当妥善保存，遗失是极不应该的。何况移民在即，数百年聚居的族人一旦失散，我们这一辈人还彼此知道亲人们移居他乡何方。但下一代人就不同了，异日重逢，如同陌路，竟不知身体中淌着同样的血液。族谱更要妥善保存，有谱为凭，任何亲人都有迹可寻。他乡遇故知，已是人生快事，更遑论他乡遇亲人。陈老师决定补全族谱，计划将第一卷全本复印。我说，复印本可能难以长久保存。不料陈老师听了，非常失望，直到我离开山村前夕，他依然为族谱的缺本而忧心。

家乡淹没后，作为库区移民，陈老师移居宁波某地。我们通过一次电话，拜年。

陈老师的孩子，在杭州工作。2010 年前后，陈老师让他与我联系，问我手头是否有陈坦庵墓淹没之前的照片。他说现在常常会想起祖坟，但记忆中的总是不够真切。

我与陈老师的孩子见面了。他告诉我，爸爸的视力越来越不乐观，爷爷离开山村到宁波不久就病逝了，遗愿是把骨灰埋回老家去。

陈老师遵嘱将父亲的骨灰带回家乡，埋在老家的后山。山坡下的一面湖水，淹没了家乡的一切证据，在他的记忆中，祖先的光荣事迹将被进一步放大。

在宏大叙事的历史中，这样的村庄注定将被遗忘。但对水库移民而言，他们生于斯，长于斯，关于家乡的历史与现在，关于家族的悲欢与记忆，却是人生的全部。

2011 年 8 月，水库蓄水已久，随着蓄水位的升高，明朝开国元勋刘伯温生母富氏的坟墓，据说也要被淹没了。我去现场考察，路过渤海，景宁畲族博物馆的朋友陪我旧地重游，眼前的一片汪洋，若非朋友提醒，我已经认不出这是我曾经生活过的地方，一个名叫渤海的村庄。

嘉兴读书记

了解一个地方的历史，只能依靠历史文献和文物遗迹。我是个考古工作者，依然认为认识历史的捷径是读书，文物遗迹固然重要，终究只是片段，欲拼凑起完整的历史图景，不能不读书。考古工作最大的好处，在于跑的地方多，而且可以扎根下来，深入当地的生活。到什么地方读什么书，是我的一贯做法。我在嘉兴考古发掘，就集中阅读嘉兴地方的书。

嘉兴市地方志办公室编有一种《嘉禾宋文钞》（嘉禾是嘉兴的古称、雅称），是今嘉兴市范围内的宋文汇编，取材不外乎《全宋文》和历代地方志的“艺文”。尽管算不得秘籍，但将一地的两宋文字裒为一编，颇有助于读者在短期内获取对宋代嘉兴的具体印象。

通读一过，我知道北宋时期嘉兴（秀州）衙署子城南门的谯楼，从简陋到壮观的演变经过，而现在的谯楼是清末重建的。子城的西北角，城头曾建有“披云楼”，州官登高临风，把酒当歌，而据我调查，宋人笔下的披云楼，其基址保存到了今天。北宋末年，嘉兴城内的街道是砖铺的，南宋时期多半改为石砌路面，而今则是柏油、水泥马路——过往的细节点滴，无关宏旨，但能真切具体地感受到城市的沧桑变迁。

我参观嘉兴、上海等地的博物馆，常常有类似的观感。嘉兴是浙北史前文化的重镇，马家浜、崧泽、良渚文化遗址，出土新石器遗物甚多，也是当地各博物馆之收藏大宗；继之而起的汉六朝文物，馆藏还算差强人意；唯独两宋文物，格外稀少，即便作为地区龙头大馆的嘉兴市博物馆，也拿不出几件像样的东西；到明清时期，文物藏品总算又逐渐丰富起来，重现“鱼米之乡、文物之邦”的些许本色。

这与我们的日常经验很不相符。我参观丽水、温州、金华、台州各地的博物馆，两宋尤其是南宋，是吾浙格外浓墨重彩的时代。丽水、金华地区的博物馆，通常就只数宋代文物较有特色，也更有看头。

读《嘉禾宋文钞》，也许可以悟出一点道理。平湖县博物馆（平湖，宋代隶属嘉兴、海盐县地）收藏的宋代文物，较有品位者，多系鲁肃宁夫妻合葬墓出土。鲁肃宁是两宋之交的海盐豪强，当其长子鲁詹登进士第后，家族子弟多由科举入仕，是簪缨相袭的本土大族，可参见葛胜仲《丹阳集》卷十三《右奉议郎致仕赐绯鱼袋鲁公（肃宁）墓志铭》。

至鲁肃宁的儿子辈，例如官至左朝奉大夫的鲁詹（墓志铭见张守《毗陵集》卷一二）、左朝请大夫鲁詧（墓志铭见周必大《省斋文集》卷二二）、直敷文阁鲁訔（墓志铭见《省斋文集》卷三四）。他们生前住在嘉兴，死后都选择葬于湖州境内：鲁詹葬于湖州归安县至孝乡高峰坞，鲁詧葬于湖州归安县至孝乡仙岭。鲁訔则葬于湖州武康县广宁乡后汪村。据墓志称，这处墓地由他生前选定，并亲自"规划兆域，卜筑自庵，随一祠堂，环以松竹"。

嘉兴的高门大族、富贵人家，纷纷远葬他乡，何以故？我认为，这是因为嘉兴本为水乡泽国，殊少自然高地。重阳节是登高的节日，嘉兴无山可攀，古人只好登塔望远，每年重阳节，都有从嘉兴城郊壕股塔、真如塔、东塔挤掉下来摔死的人。平原水乡缺少"山环水抱"的好风水，只好远求于湖州。湖州乌程、归安、武康、德清等地，多少有点绿水青山。宋孝宗的生父"秀王"赵子偁本是嘉兴人，宋孝宗皇帝就出生于嘉兴城北的杉青闸。赵子偁绍兴十三年卒于秀州，后来也葬到湖州乌程县之菁山，因为赵子偁葬于湖州，整支宗室也从嘉兴迁居湖州，后来的大书画家赵孟頫就成了吴兴人。事实上，今天很少在嘉兴的平原地区发现比较有规模的宋墓，两宋时期的江南水乡，火葬格外盛行，屡禁不止，除了佛教信仰的因素，恐怕与地势环境的制约，也不无关系。

宋代文物主要以随葬品的形式传世。嘉兴人把坟墓建到异地他乡，本土自然少了许多古物出土的机会。水乡非但不适合建墓，也不宜建造龙窑烧造瓷器，浙江各地都有宋代或更早时期的瓷器窑址，唯独嘉兴无之。

那么，明清时期的文物，为何又纷纷重现人间，并充实为博物馆库藏呢？一方面是年代晚近，文物具备更多传世的机会；另一方面是明墓的埋葬方式较宋代大有改进，整体建于地面之上的“灰隔墓”，盛行于水乡地区。

灰隔墓，即“三合土”墓。以石灰、黏土、沙石、桐油和糯米浆混合而成的三合土，一旦凝固，坚如磐石，形成密闭的墓室，与外界环境完全隔绝。灰隔墓适应江南水乡的自然环境，又有良好的防腐功能，在明代普及开来，为当地保留了大量文物——多数有机质文物的传世，均有赖于此。

嘉兴市档案局编《〈申报〉嘉兴史料集萃》，收录1872年至1949年间《申报》关于嘉兴地方的社会新闻，琐碎而八卦。如果我不到嘉兴，大概不会阅读这种书。据我浏览所及，大凡《申报》报道过的盗墓新闻，多数为明清时期三合土墓。我抄录1949年3月2日《申报》上的一则旧闻《嘉禾开掘木乃伊》，以飨读者：

> 嘉兴县属人和乡杨坟地方，乡民金福官父子连日深夜将杨坟挖掘，发现木乃伊一具（身长约六尺，颈颅肢体，完好如生，头上有一二分黄色头发，眼中瞳仁及牙齿、舌头、生殖器等，均存在未腐，手上留有六七分长之指甲）。因该乡民发现该尸时，浸入河中，旋因浮起，再埋泥中，因变成褚褐色。闻讯者前往一观者颇众，现该尸已运抵禾城，二十二日在警局公开展览，二十三日移置民教馆展览，并于日内移上海市博物馆保存。年老乡人，认该尸系清乾隆时曾任兵部尚书杨姓，后裔现供职台湾云云。距今已历两百余年，面目如生，可云奇矣。

2006年，我的同事在嘉兴王店李家坟地方，也发掘过一座明代嘉靖年间的三合土墓，历经四五百年，棺木和随葬品，宛如新造。开棺当日，臭气熏天。我的同事，重提往事，至今引为噩梦。

品物记

南宋：一个王朝的背影

在印象中，南宋一朝，积贫积弱，武功不彰，备受外族欺侮，无复汉唐气象。后人每念及这段屈辱的历史，无不扼腕叹息。

2015 年 11 月 13 日，浙江省博物馆“中兴纪胜：南宋风物观止”开展，杭州掀起前所未有的观展热潮。面对琳琅满目的南宋文物，人们对远去的时代，心驰神往。

矛盾的两极，暗示南宋王朝可能具有超越时空的价值和魅力，只是我们浑然不觉。

一

展厅的开篇，是一枚大晟编钟。

北宋开国至徽宗朝，承平日久，宋徽宗决定制礼作乐，宣示太平，于是仿效三代铜器式样，铸造礼乐用器，时称“新成礼器”，作为江山永固、太平盛世的象征。其中，包括 336 枚大晟编钟。

靖康国难，金兵掳掠徽、钦二帝及后妃、宗室而去。郊坛宗庙、大晟乐府、府库积蓄，为之一空，大晟编钟也成为金人的战利品，散落天涯。不知何故，后来竟有一枚流落江南，今为临海市博物馆收藏。

这枚编钟，也是北宋亡国的象征，它敲响一个朝代的丧钟，开启另一个朝代悲欣交集的旅程。

国破家亡，千千万万流离失所的人，随同宋室南迁。多少故事无从追寻，由浙江、福建、江西等地偶尔发现的宗室墓葬可知，告别的年代，有人永远消失，有人逃过劫难，在南方开始新的生活。

因为韩世忠、岳飞的英勇抗战，绍兴十一年（1141），宋金签订和议，南宋纳贡称臣，换来偏安一隅的局面。

时局稍安，宋高宗又像他的父皇宋徽宗一样，开始新一轮的“制礼

• 大晟应钟（正面）。北宋开国至宣政间，承平日久，宋徽宗以为“礼可以兴”，命大晟乐府铸造编钟。靖康丧国，金兵掠走包括大晟乐器在内的宗庙礼器、法物。此“大晟应钟”，后来归于晚清台州黄岩县学者杨晨，后为临海市博物馆收藏。大晟应钟式样仿照当时出土的春秋时期宋公成钟。

• 大晟应钟（背面）。

• “中兴复古”香饼，背面一左一右模印蟠屈向上，身姿相对的两条龙。据扬之水先生考证，此香饼即《负暄杂录》所谓“中兴复古”，是龙涎香品之一的“内家香”，系宋高宗所合之香，以古腊沉香为本，杂以脑麝、栀花之类，香味氤氲，极有清韵。

作乐”，标榜皇权正统。1978 年，江苏武进村前蒋塘宋墓出土一块香饼，其上印有“中兴复古”字样。这四个字，浓缩了时代的特征，是那个时代的关键词。

宋人复古，取法乎上，一举跨越汉唐，力图重返三代。传世的南宋仿古铜器，鼎豆簋簠，造型纹饰，效法商周铜器，作为朝廷郊庙、各地儒学、宗教寺观的祭器，庄严肃穆。

与制礼作乐同时，宋人大兴土木，营建临安行都。历经百余年的发展，临安城是当时世界上最繁华的都市。这里有壮观的建筑，皇宫、郊坛、太庙、景灵宫、衙署、太学、书院、寺观。城市里住着“以天下兴亡为己任”的士大夫，也有庸碌度日的官员，有道貌岸然的理学家，也有放浪形骸的才子。这里有最繁华的市井生活，大街小巷，商铺连绵，瓦肆酒楼里，美丽的姑娘和寻欢的男子，饮酒作乐，灯火通明。

这是前所未有的都市生活，多元的生活方式，为后世艳羡。如今，南宋临安城遗址，长眠于杭州城地表之下约两三米的深处，考古工作者发掘的太庙、德寿宫、杨皇后宅等遗址，曾经撩开她的面纱一角。当然，现代都市的每一幢建筑的每一根桩子，都曾经穿透她的胸膛。

• 绍兴八年（1138），南宋朝廷定临安府为行在所。“绍兴和议”后，开启大规模营建行都的计划。城市规划以御街为中轴线，街道两旁部署官署宅邸、宗庙社稷与市肆坊巷。城市的商业与娱乐活动，则通过御街和四周街巷辐射到整座都城。这是2000年由杭州市文物考古研究所发掘的南宋临安府治遗址一角。

• 2004年，杭州严官巷南宋御街遗址的发掘现场。南宋御街遗迹通常位于距离今日地表以下2米至2.7米的深处。古人搞建设、造房子，是在前人的基础上加筑台基，元代、明清、民国的地面依次叠压在南宋地层之上，层层累积，不过800年，南宋路面已深埋地下。现代人造房子，正好相反，向下挖掘地基，城市中每一座高楼大厦的钢筋水泥桩子，都曾经穿透遗址。

二

展厅里，金银器、瓷器、服饰、漆器、玉器、雕版印刷、书画碑帖、文房雅玩，济济一堂，从不同角度，展示南宋多姿多彩的生活方式和文化艺术。

如果说南宋仿古铜器，庄严有余，活泼不足，是理学家的旨趣，那么，陶瓷漆器、文房雅玩、书画碑帖，淡雅、朴素、可亲，则是文人的趣味。南宋的气质，或庄严，或典雅，或活泼，被后世奉为最高的审美典范。

南宋艺术品具有越来越明显的世俗化倾向。今日所见的南宋器物，多数是各地墓葬的随葬品。汉唐墓葬多随葬陶俑、镇墓兽，描绘墓主人车马出行、宴饮嬉戏场面的壁画，极尽浮华，颇有“巫风”。而南宋理学家墓穴里头空空如也，除了几件生前习用的文房用品、随身衣物、钟爱的书籍。如果你据此认为汉唐比南宋物质丰富、文化昌明，那就错了。这反而说明南宋人面对死亡可能较前人更加理性，这才是更加文明的社会。

有人认为，珠光宝气的金银器皿、锦缎绫罗，一定是达官贵人的随葬品。其实未必，南宋人的生活品质，更多取决于人们的财富状况，而非身份之尊卑。有人认为，典雅素净的文房雅玩、焚香插花，一定是文人士大夫的趣味。其实未必，人们对精致生活的追求并不局限于上层社会。士人的价值观念、生活方式，逐渐深入基层，生根、发芽、开花、结果。

南宋人倡导儒、佛、道三教，互为表里，宗教生活也日趋世俗化。宋孝宗以帝王之尊作《原道论》，倡导“以佛修心，以道养生，以儒治世”，推动“三教合流”的思想潮流。咸淳十年（1274）衢州史绳祖墓，墓主人是个理学家，有《学斋占毕》等著作传世，墓内随葬观音瓷

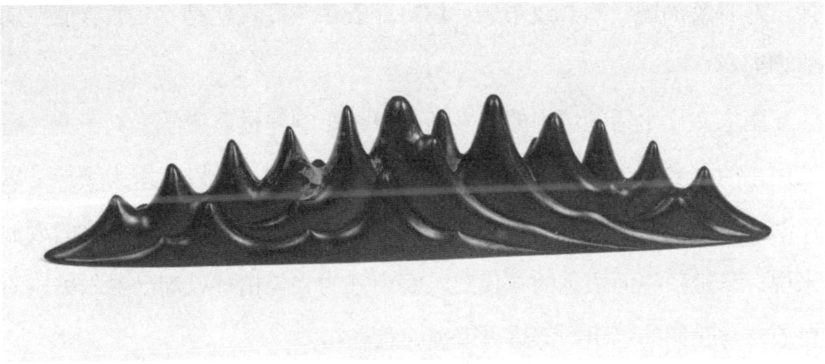

• 石雕笔架，浙江省诸暨市留云路南宋庆元六年（1200）董康嗣墓出土。黑色石材，黝黑细腻，光泽明莹，雕刻出错落有致的山峦32座，连绵起伏，设计自然巧妙，极具文人趣味。

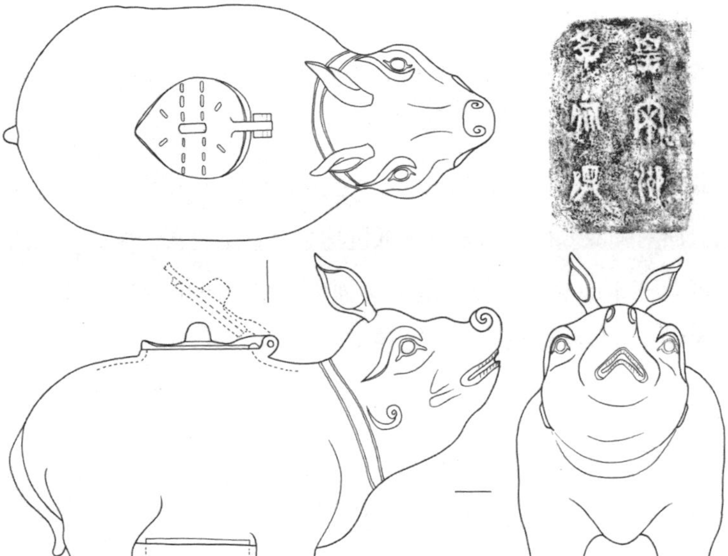

• “皇宋湖学宝尊”铭铜牺尊，湖州龙溪港安定书院出土。似牛形，身躯肥硕，背部开圆孔。腹部镂长方孔，孔上置有长方板，其上镌刻“皇宋湖学宝尊”六字篆书，可知其为南宋湖州儒学的祭器。宋代重视儒学建设，各地州学与文庙结合。该牺尊与周代牺尊相似，其造型应取法于朱熹《绍熙州县释奠仪图》一类的礼书。

像、八卦纹铜镜、八卦纹银碗、仿古鼎香炉，简直就是“三教合流”的典型缩影。

南宋文化生活领域内的诸多新气象，影响深远。史学家刘子健《略论南宋的重要性》认为“中国近八百年来的文化，是以南宋为领导，以江浙一带为重心的模式”。汉唐气象，固然令人神往，但对今日的人们来说，只是陌生而遥远的古代史，而南宋的文化精神，却已融入民族的血液，与我们的思想、情感、审美，息息相关。

三

说起来，最大数量的精美文物，金银器、铜器、龙泉窑精品，并不是在南宋政治、经济、文化的中心地浙江出土的，它们更多来自遥远的四川、重庆和湖北。

公元 13 世纪的蒙古骑兵，骁勇善战，野蛮扩张的力量，席卷欧亚大陆。面对强敌入侵，南宋持续抵抗达半个世纪之久，尤其是四川、重庆、湖北一带的战役，惊天地泣鬼神。后来，四川防线崩溃，襄阳失守，南宋才算气数将尽。

宋蒙战争，旷日持久，川渝地区是主要战场。残酷的战争，反复的拉锯，给民众带来深重的苦难。

为战火裹挟的人们纷纷逃亡，仓皇之下，无法带走所有的财富，只好将金银器皿、玩好宝物，掘坑埋入窖藏中，幻想有一天重返故里，重新打开宝藏。遗憾的是，他们中的绝大多数人，再也无缘回家，深埋地下的宝物，从此被人遗忘。800 年后，昔日的窖藏，因为偶然的机会被人发现，精美的文物，重见天光。

展览的最后部分，集中展示的窖藏文物，金银器皿，光怪陆离，绚

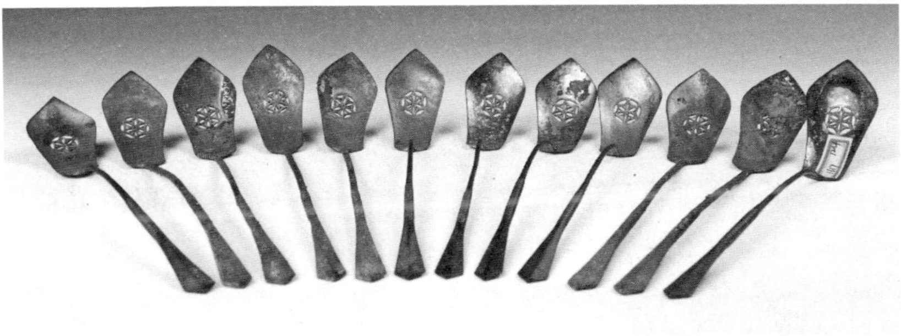

• 江苏金坛尧塘西榭村出土南宋银器窖藏镂空银匙，金坛市博物馆藏。匙面尖首，前宽后窄，镂空作六瓣花形。我们不知道当时发生了何种不可预见的动乱或意外，金银器的主人匆匆挖掘窖藏，小心藏好自己的财物；我们也不知道主人为何未能归来取走本该属于自己的宝藏。直到 800 年后，由于偶然的机缘，重新出土，成为博物馆里供人观赏、凭吊的文物。

烂之极！我们再也看不到古人野蛮杀伐的战场，所有的苦难，被时空压缩成一个个华美的瞬间，推到我们的眼前，如此残忍，如此美丽。

历史的底色，深沉而悠远。在历史面前，浅薄的调侃，廉价的抒情，是不妥当的。眼前的一件件文物，它们曾经的主人，最初是一个个鲜活的人，最终是一个个苦难的往生者，化为尘烟。

惨烈的战争，以南宋失败而告终。展厅的尾声，是文天祥的墓志拓本。南宋有国 153 年，从宋高宗的颠沛流离开始，以文天祥的壮烈殉国结束。

至元十五年（1278），番僧杨琏真伽盗毁绍兴南宋六陵，帝后遗骨遭到羞辱和毁弃。传说南宋遗民唐珏等人，冒着生命危险，收集帝后遗骸，迁葬于绍兴兰渚山天章寺前，并植冬青树为识，史称“冬青义士”。

文天祥的牺牲和遗民们的守望，无法改变历史的结局，但他们的浩然正气，充盈天地，成为我们民族宝贵的精神遗产。

那天，我们在浙江省博物馆欣赏一个王朝留下来的器物，赞叹南宋文化的精彩，感慨野蛮对文明的屠戮。在地球的另一边，巴黎正发生恐怖袭击，无数平民遭殃。

【附记】

2015 年 11 月 13 日，“中兴纪胜：南宋风物观止”南宋文物大展，在浙江省博物馆开幕。同日，法国巴黎市中心发生一系列针对平民的恐怖袭击。本文是我为展览所写的导览词。

访碑札记

墓志碑刻，历来是金石学家、文物工作者刻意网罗的文物。清阮元《两浙金石志》对浙江全省金石碑刻的搜罗、著录、考订，至今足为楷式。其后，丁敬《武林金石记》之于杭州，李遇孙《括苍金石志》《续志》、邹柏森《括苍金石志补遗》之于丽水，戴咸弼《东瓯金石志》之于温州，黄瑞《台州金石录》之于台州，陆心源《吴兴金石录》之于湖州，杜春生《越中金石记》之于绍兴，邹柏森《严州金石录》之于严州（今淳安、建德、桐庐三县），此皆为明代以前墓志碑刻的著录。这既是文人墨客的"风雅"事业，证经补史的学术事业，也是保存史料的"名山"事业。

金石专书以外，晚清民国地方志，亦多辟有"金石"门。一府一县之地，明代以前碑刻，搜罗殆尽。

然而，传统金石学家的著述，有其局限性。第一，古人著录碑刻，以文字为主，多不附拓本图像，又无今日之"文物保护"的理念，唯以录文、刊书为务，个别具有艺术鉴赏价值的碑刻，径直据为己有，以为文人间的风雅之助。大凡为清人著录的碑刻，十之七八，均已散失。鲁迅说"清人纂修《四库全书》而古书亡"，我们也无妨说"清人著录碑刻则碑刻亡"，金石学家固然为国家民族保留了大量史料，但他们大规模的访碑活动未尝不是中国文化的一大劫难。所以，做学问、求知识的人，不必太求"风雅"。第二，清代和民国时期，发掘古墓的风气未开，时人所见碑刻，多为当时矗立地表者，而随葬地下的墓志，则犹未见。旧金石书中的宋元墓志碑刻，多为墓表文，真正地下出土的圹志、墓志铭是很少的。

1949 年以来，随着大规模生产建设、考古发掘工作的开展，近年来，又多有盗墓出土的，浙江各地积累了大量的墓志碑刻。这些前人未见的新材料是重要的文化遗产，急需全面调查、整理。自然，浙江各地区墓志的出土和整理状况，是不平衡的，不可一概而论。整体而言，墓志存量的实际状况取决于两大因素：一是各地墓志的实际资源量；二是墓志出土地的学术传统，尤其是当地文史工作者搜集、整理乡邦文献的传统。下面，我将就此问题，以个人多年访碑的所见所思，略述己见。

首先是温州地区。温州的墓志出土和整理、出版状况，在浙江是比较出色的。吕溯《温州博物馆藏历代墓志辑录》，分上、中、下三辑，刊布于温州市图书馆编《温州历史文献集刊》，全面披露了温州市博物馆收藏的墓志，其中多为早年永嘉、瑞安、平阳县出土者；金柏东《温州历代碑刻集》、吴明哲《温州历代碑刻二集》，多为明清碑刻，间有少量早期墓志；杨思好《苍南金石志》、永嘉县地方志编委办《永嘉金石志》、陈纬《乐清历代碑志选》、孙建胜《永嘉场墓志集录》、瓯海文化丛书《瓯海金石志》诸书，体例各异。如《温州博物馆藏历代墓志辑录》为墓志专文，录文完全以实物和拓本为据；《苍南金石志》著录范围虽不限于墓志，亦多以实物为据，鉴于地表的宋元碑刻存世极少，今日所见的宋碑，多数也就是近几十年来出土的墓志；《永嘉场墓志集录》虽为墓志专书，然多据古人文集、族谱辑录，真正的实物反而很少，材料也多集中于明清时期。无论如何，这些著作对各地的墓志资源，已有很好的汇总和整理。

温州的成就，首先，是拜地利所赐，“温州佳山水”，风水宝地，宋代以来，俗重丧葬，古墓众多；其次，因为“地不爱宝”，温州人多地少，生产建设活动频繁，自20世纪50年代以来，在生产建设中出土了大量墓志；再次，因为人文传统，孙衣言、孙诒让父子的流风遗韵，近代以来温州有整理地方文献的优秀传统，出土墓志通常得到妥善收藏、著录和刊布。

温州的成绩固然可嘉，但仍有几点可以补充说明。传统的墓志整理，多以移录文字为主，末尾，稍缀以文字说明，以按语形式，多数针对志文涉及的历史人物、事件的考订为主，反而疏于对墓志出土信息的记录。当然，史料考订是必要的，不过对整理者而言，更重要的工作应该是对文物出土信息的搜集和描述。史料考据，是外地学者在书斋内也能完成的工作，而出土信息则必须仰赖于有机会接触实物的一线工作者，二者孰轻孰重，不难判断。

另有一点。一份准确的录文，并附有清晰的拓本，仍然可能有历史信息的流失。碑刻附属的“物质性”信息，其价值并不必然亚于“文本”本身。兹举二例：

永嘉县花坦廊下村吕公山出土《宋故孺人刘氏墓志》（现藏永嘉县博物馆），字迹内填嵌白灰，底衬涂以黑色。出土之初，黑底白字，字迹如同书本一般明晰。这说明碑石刊刻完成后，还经过打磨、字迹内嵌白灰、为底衬上墨等工序。而通常所见的宋代墓志，因为岁月侵蚀，表面多已褪去装饰，仅以“毛石”的面目示人，字迹模糊，难以辨认，只有制成黑底白字的拓本，才能充分观赏。碑刻字迹内填嵌白灰、底涂黑墨的做法，亦见于余姚出土南宋《李光墓志》。我在武义工作时，曾清洗当地新出土的墓志，一盆清水，黑如墨汁，大概也是这个原因。古人常常说“读碑”，我尝大惑不解，字迹模糊若此，如何能读？现在看来，古碑落成之初，字迹黑白分明，纤毫毕露，确是轻松“可读”的。而活泼泼的碑刻，一旦化身为拓本，就“扁平化”了。这些碑刻信息，如果著录者未加注意，就容易丧失。又如，2013 年温州市龙湾区上朱垟的明代英桥王氏家族墓地，是六代人聚葬的墓地，上迄明嘉靖年间，下至清代，共出土墓志三十多通。墓葬位次，按照长幼尊卑，分为五排，秩序井然。墓地外围，缭以石墙，形成独立的墓园。后来，由于墓园狭隘，在墓园东南角，又溢出三座墓，系最晚辈的家族成员。待墓园彻底“饱和”后，则另辟新址。明代英桥王氏，有按房支之别规划家族墓地的做法，若结合墓志出土的具体位次分析，对研究英桥王氏家族的思想观念、明代“昭穆墓地”的规划方式会有助益。如果著录墓志时，脱离了原先的墓地，只做孤立的记录和分析，这批墓志就从重要史料，降格为“一般性史料”，因为志主的传记通常也见于现存的《英桥王氏族谱》。

台州，也是墓志出土和整理的重镇。1986 年，临海县博物馆的丁伋先生，根据“台州地区第二次全国文物普查”成果，编有《台州墓志集录》的内部出版物。丁伋是台州著名的文史学者，向以“乾嘉殿军”自勉，《台州墓志集录》著录严谨、准确，虽然未附拓本，仍可放心引用。但是，1986 年至今，又过去了 30 多年，各地又有许多墓志出土，为当年所未见；何况《台州墓志集录》因故遗漏了仙居县的材料，而仙居恰恰是台州出土墓志的重要县份。

2002 年，丁伋《临海墓志集录》出版，于临海县墓志又有大幅增补；金渭迪《黄岩金石志》著录黄岩县的墓志，也有超出《台州墓志集录》者，但错讹甚多，仅可充资料索引。新世纪以来，台州各地新出了许多墓志，如温岭南宋戴氏家族墓志，即便吾乡玉环，一个孤悬海外的岛屿，也有宋志出土。又，丁伋先生的墓志整理成果，均以石本为据。但他曾经在临海的明清族谱中，辑录出一些经过考证认为可靠的宋元墓志，将来如有机会增订《台州墓志集录》，可作为“附录”编入。

说句题外话。台州的墓志整理，主要得力于 1982 年开始的“第二次全国文物普查”。而 2007—2012 年开展的“第三次全国不可移动文物普查”，普查力度、覆盖范围，远超过去。而墓志碑刻，作为散落在乡间的重要文物，居然被视为“可移动文物”，未能纳入“第三次全国文物普查”的考察范围。耗费巨大的人力物力，踏遍家乡的山山水水，却不知网罗碑刻。如今想来，至为遗憾。

丽水，即宋元时期的处州（路），地处浙南万山深处，如今是浙江经济发展相对滞后的地区。而宋元时期，人物甲于一方，楼钥《攻媿集》中至有“括苍达官最盛”的说法，南宋汤思退、何澹、叶翥、姜特立等人，位重一时；元末“浙东四先生”，处州独占其三，青田刘伯温，天下闻名。2013 年，拙著《丽水宋元墓志集录》出版，丽水宋元墓志首次结集面世；2015 年，吴志华、吴志标《处州金石》于墓志部分续有增补，如收录 2014 年庆元县新出土的南宋《胡纮墓志》等。

《丽水宋元墓志集录》中最重要的材料，当数关于何澹家族的一组墓志，北京大学历史系邓小南教授据此撰成《何澹与南宋龙泉何氏家族》一文。出土新史料，在系统性上，也许不会超过传统史料，更不能取代传统史料。但是，新材料可以刺激新议题，邓小南老师曾对我说，“假如不曾见到这批墓志，也许我不会有写作何澹的灵感和愿望”，即此之谓也。墓志，另有一个潜在的学术价值，研究南宋时期何澹家族，如果想要恢复尽可能完整的人际网络，再多的传统文献和出土墓志，都是不够用的，还需要利用传世的明清族谱。然而，时过境迁，近代族谱记载早期历史的可靠性，后人无从判断。出土墓志，就具有“激活”族谱的潜在价值。丽水通济堰出土的何偁、何澹、何处仁夫妇墓志，记载志主的生、卒、葬的年月日，多与后世族谱严丝合缝，甚至可以准确到具体的日期与时辰，从而验证现存民国《屿湖何氏宗谱》《清源玉溪何氏宗谱》关于南宋何氏家族的记载，许多是高度可靠的。这就有可能为宋元家族史研究开拓出广阔的史料空间。

出土墓志，尤其是以备“陵谷变迁”的圹志，文字多简略，记事多粗疏，似不起眼，然其潜在的学术价值，当作如是观。

宁波，是宋史研究中最受人重视的地区之一。南宋后期至有“满朝朱紫贵，尽是四明人”之谓，鄞县、慈溪、奉化的山水之间，显宦名公，高坟累累。天一阁博物馆章国庆《宁波历代碑碣墓志汇编·唐五代宋元卷》，汇聚2012年以前宁波各县市出土墓志，涣然大备。鉴于宁波的特殊重要性，毫不夸张地说，《宁波历代碑碣墓志汇编》堪称近年来宋代史料整理的重大成果，倘加以充分利用，庶几可以改写地方历史。

章国庆专注于石刻墓志的搜集。晚唐五代时期，越窑中心产区慈溪上林湖附近，盛行以青瓷墓志罐随葬。这批瓷墓志，年代集中，地域集中，仅流行于上林乡附近的蕞尔之区，极具特色。慈溪市博物馆厉祖浩《越窑墓志罐》于此用力甚勤，在田野调查和著录的层面，几乎做到了“题无剩义”的境界。

章国庆、厉祖浩先生搜集、整理墓志，通常只出于个人的兴趣和对乡邦文献的热爱，他们不求闻达，也从未有所谓“课题”或“项目”的支持，但都取得了重要的学术成果。想当年，清代的阮元以浙江巡抚之尊，网罗两浙摩崖碑刻，尚多遗珠之憾。章国庆、厉祖浩先生这些年来的艰辛劳动、苦心孤诣，可想而知。

宁波之外，绍兴、金华也是宋元历史上的重要地区。绍兴出土墓志，绍兴县文化中心编《绍兴摩崖碑版集成》，收集原绍兴市本级、绍兴县各文博单位收藏的墓志，但不完善，而且是以宣纸印刷的线装礼品书，印数很少，流传亦不广；潘表惠《新昌文物志》、方志良《诸暨县文物志》（油印本），搜集当地出土的墓志，录文也不够完善。除此，就我所见，上虞“第二次全国文物普查”档案资料，《东方博物》《越文化研究通讯》等学术报刊，也曾披露过少量材料。

绍兴出土墓志之大宗，在于民间收藏。有位张姓收藏家，收藏绍兴及其邻近地区出土的宋元墓志，数量近百通。绍兴一县之地，短时期内，集中出土大量墓志，上至品官勋臣，下至平民百姓，必将能相当真实、全面地反映区域社会政治、经济、文化等多方面内容。我们期待这批材料的面世。

20世纪90年代以来，绍兴盗墓猖獗，几至于失控的地步。2009年，绍兴至诸暨高速公路建设，浙江省文物考古研究所在公路沿线派驻了四个考古队，辗转各地，历时近一年，发掘古墓葬无数，出土器物却寥寥无几，因为当地几乎所有的古墓均曾遭盗毁。我们不妨设想一下，以每发掘10座宋墓出1通墓志计，100通墓志，意味着1000座宋墓遭盗毁。而这些墓志，从此也就永远失去了其出土地点、伴出文物等信息。所谓“盛世藏宝”，人人幻想一夜暴富，挖宝风气大兴，遂酿成文物保护数千年未有之大变局，可为一叹！

金华地区的墓志，少有系统整理，与金华“国家级历史文化名城”的历史地位和墓志出土的实际状况并不相符。这是因为当地的文物工作者中，缺少像章国庆、厉祖浩等有志于“整理国故”的人；而民间或高校，固然不乏有志之士，却无资源，终至于一事无成。我到金华地区的考古工作机会不多，也很少往金华的乡下跑，但对各县市博物馆的收藏家底，大体清楚，金华、东阳、浦江、永康、兰溪、磐安都有或多或少的墓志收藏，如金华出土《王淮圹志》、兰溪出土《范锺圹志》，志主都是位居宰执的人物，永康出土《陈充圹志》，志主系南宋思想家陈亮弟弟，可惜多数不为外界所知。

金华地区墓志调查最为充分的是武义县。2014年，我在武义明招山调查南宋吕祖谦家族墓地，工作余暇，对武义全境的墓志做过全面调查，共发现南宋墓志39通。这批墓志的分布状况，可分为三类：一、馆藏墓志，即收藏于当地公办博物馆或文物保护机构之墓志；二、近年考古调查、发掘新出之墓志；三、民间收藏，又可分两小类，其一为生产建设中自祖坟中出土并保存于民间祠堂之墓志，其二是原严州地区，“潇洒桐庐郡”。吴均《与朱元思书》“自富阳至桐庐，一百许里，奇山异水，天下独绝”；范仲淹《严先生祠堂》“云山苍苍，江水泱泱，先生之风，山高水长”。严州不缺好山水，为何也少墓志？

这个问题，我没有想透。也许桐庐、建德地区，大型建设较少，配合基本建设的考古发掘相对也少，墓志出土的机会自然也少。2004 年，我去淳安县考古调查，未发现任何文物，悻悻而归。因为 1957 年新安江水库建设，古代淳安县、遂安县最适合人居住和埋墓的地方，多已淹没，如今那里名叫“千岛湖”。我走在今天的村庄，其实都是当年的半山腰甚至高山的无人区。我想，如果要在淳安县获取大量宋元墓志，也许得先放干新安江水库再说。

【附记】

2016 年 11 月 11 日，应刘成国老师之邀，我参加华东师范大学举办的“墓志与宋代文学、历史”学术沙龙。在会上，我首先作《浙江宋元墓志的调查与整理》的主题发言，发表我对浙江宋元墓志出土和整理现状的看法。后来想，如果把发言记录下来，未尝不是一篇文章。于是，就有了这篇《访碑札记》。

竹口

一

浙南山区的丽水市（古处州）龙泉县，自古以出产龙泉青瓷闻名，外省人多半知有龙泉而不知有处州，犹如我们知道浙北水乡有乌镇，却不知有桐乡一般。

南宋庆元三年（1197），鉴于龙泉山谷险远，析其南乡置为新邑，并以年号为名，是为庆元县。乾隆年间《龙泉县志》说，青瓷窑“昔属剑川（龙泉），自析乡立庆元县，窑地遂属庆元”。这种说法是不对的，因为龙泉青瓷的核心产区——大窑、金村、溪口，以及龙泉东乡规模更大的窑址群，自古及今，都在龙泉境内。

往来龙泉、庆元两县之间的官路，古已有之。庆元县竹口镇，就是大道上必经的地方。

从龙泉出发，道经后坑，公路边有一座美丽的木构廊桥——后坑桥。这是进入竹口地界的地标，我每次路过，都会特意下车，坐在廊桥内小憩片刻。后坑桥，由康熙年间庆元知县程维伊重建，旧称“程公普渡桥”，今天又叫“红军桥”。1934 年 8 月，闽浙边境的红军，决定北上抗日，路过竹口时，与国民党当局有场遭遇战。竹口镇至今立有“竹口战役”纪念碑，碑文激情洋溢，以“红军精神永远激励着庆元人民奋勇前进”结篇。因为这段光辉的历史，作为要津的后坑桥，易名为“红军桥”。

红军桥附近，有一座路亭，原名培兰亭，据脊梁上的墨书，本为清末竹口乡绅田洪为祈愿子孙繁衍而建，据说他的孙子单名一个“兰”字，故名，今天也改叫了“红军亭”。2009 年我路过时，见到的红军亭保存尚好。两年后，路亭在龙（泉）庆（元）高速公路建设中被拆除。

我举红军桥、红军亭的例子，是想说明竹口地据险要，为往来浙江龙泉、景宁、庆元和福建政和、松溪、浦城各县之间的要冲。竹口乃兵

• 木构廊桥是浙南山区最有特色的风物之一，后坑桥是进入竹口镇的地标。

• 2009年9月，因为龙（泉）庆（元）高速公路建设而开展的考古调查，我所拍摄的培兰亭。不久，路亭即遭拆除。

家必争之地，自古以来设有兵寨、巡检司，民国时期，政府也曾派驻重兵守护，故有 1934 年的竹口一役。

二

竹口古称“闽浙通衢”，但在今天看来，只是小镇。小镇的西边，有条竹口溪，自北而南，向福建省境内流去，是闽江的上游。而龙泉境内的河流，则是向北汇入瓯江的。人们认为，龙泉出产的青瓷，多由瓯江经温州入海，而庆元的青瓷，则由闽江经福州出口。其实未必如此，龙泉大窑、金村的青瓷，也可以翻山越岭，先挑到庆元这边来，经由闽北，漂洋过海。

竹口溪上，原来也有一座木构廊桥，叫作阜梁桥。桥头挂有牌匾，榜书曰“宋王伯厚先生故里”，据光绪《庆元县志·艺文》收录沈镜源《重建阜梁桥记》，匾额由清道光三年（1823）竹口的贡生田嘉修所书。

王伯厚，即宋末元初大儒王应麟，著有《玉海》《困学纪闻》，传说中还是《三字经》的作者。山乡竟有这样的大人物，县里的官员，往来过之，无不望风景仰，镇里更建起纪念王应麟的牌坊，祭祀王应麟的祠堂。庆元自来人物，以伯厚先生名声最大，有乡贤如是，“不可不庙食也，故祀之，景行仰止，以光山岳”（嘉庆《庆元县志·艺文志》，郑惟飚《重建竹溪（竹口）公馆记》）。

当然，这是清代的情景。而今，王应麟牌坊、祠堂固然全无，阜梁桥也毁圮已久，取而代之的是一座水泥桥，横跨竹口溪上。

小镇内的老街，与溪水平行，街道两面保留有若干旧时商铺，长约 300 多米，这是山乡巨镇的证明。现在的竹口镇，比老镇更大，也更杂

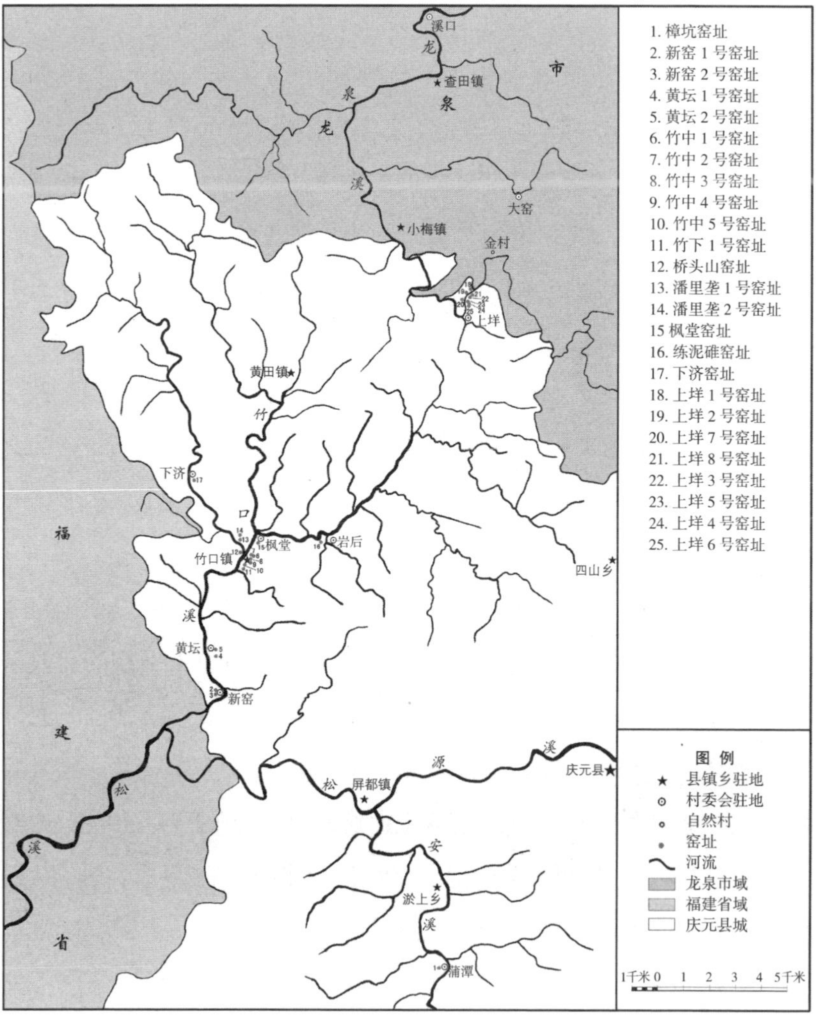

• 庆元县竹口溪流域古窑址分布图。

乱。过客需要稍稍留心，才能分辨出古镇的旧格局——尽管破败，然而简洁。

三

2011 年秋，我住在竹口镇，不是来古镇采风，而是为了调查竹口溪流域的古窑址。中国古陶瓷考古的先驱陈万里先生说：“一部中国陶瓷史，半部在浙江；一部浙江陶瓷史，半部在龙泉。”他说的龙泉，包括龙泉、庆元两地。宋元明时期，龙泉窑是我国最重要的青瓷烧造中心，产品畅销海内外，直至明末清初，窑业才告衰亡。

今日说龙泉窑者，言必称大窑、金村、上垟。这是龙泉精品瓷器的生产中心，南宋时期大窑的粉青、梅子青釉，是中国古代青瓷审美的典范。上垟窑创烧于北宋，至元代极盛，位于庆元境内，但其河流是汇入瓯江的，并不属于竹口溪流域。

竹口溪沿线，青瓷窑众多，练泥碓、枫塘、竹口、桥头山、新窑等等。论年代，以练泥碓、枫塘窑址较早，所出青瓷具有典型的元代风格。练泥碓，顾名思义，是个制瓷的取土地点，当地传说从新窑到龙泉大窑之间，一共有 36 座窑，多在这里取土。山上到处有瓷器、窑具的碎片，过去瓷片不值钱，很少有人上山捡瓷片，经常能够挖出完整的器物。附近的村民，家里缺碗少盘的，也不必到市场买餐具，背起锄头就到后山挖一口宋元龙泉窑青瓷碗，将就着用。

从调查材料看，竹口溪流域的青瓷烧造，主要始于元代。随着海外市场的开拓，元代龙泉窑大力发展，窑业从传统的瓯江流域，自上而下，逐渐蔓延至竹口境内；以竹口溪上游的练泥碓年代为早，以新窑最晚，年代约在明末，此时龙泉窑已在消亡边缘，所出瓷器造型粗劣、釉色灰暗，除了碗、盘，几乎见不到第三种器物。

竹口窑，位于竹口镇的后山，才是竹口溪流域真正的典型窑场。明天顺年间（1457—1464）前后，大窑、上垟等传统窑业产区逐渐衰亡，青瓷生产中心转移到了竹口镇。竹口是继大窑而起的明代后期的中心窑场，生产规模大，产品精美，大花瓶、香炉残片，随处可见。明清时期的本地寺庙，常常供奉有类似的瓶炉，器型高大端庄。近代以来，古董卖到上海可以换钱，寺庙里的瓷器很快就被盗卖一空。

• 竹口窑一角。

由窑址所在“后窑许”“后窑陈”等地名可知，当地大族许氏、陈氏，他们的明朝祖先可能就从事烧窑行业或瓷器买卖。据民国二十三年（1934）《竹口许氏宗谱》记载，许绍琳公于明成化十三年（1477）来竹口做生意，“生理获息十倍”，弘治十年（1496）索性就从江西临川老家，搬来竹口定居，是为竹口许氏的始迁祖。1934 年，陈万里先生来竹口调查古窑址，当地陪同的许君说：“他的祖先从江西迁来，在明末时候，已有两代，如此推算起来，大概在天启年间，移家来此，为的是做瓷器。当时姓许的迁来竹口以后，买的山地极多，……许家原藏有制造瓷器的秘本，最近已遍觅不得。”（陈万里《陈万里陶瓷考古文

集·龙泉访古记》）

陈万里所记许氏徙居竹口的年代，偏晚了一点，但明确说徙居的目的就是为了做瓷器生意。传说大体可信，“许绍琳公”徙居竹口的15世纪后期，正值竹口窑的兴盛期。当然，烧窑也不算什么光宗耀祖的事，《许氏宗谱》交代来龙去脉，语焉不详，是可以理解的。

竹口窑衰落后，零星的青瓷烧造活动，转移到了更加下游的地方，也就是前述的“新窑”。陈万里认为，“新窑”之地名，是相对于竹口的“旧窑”而言的。

明代以来，景德镇青花瓷，风行天下，逐渐垄断了国内外市场，龙泉青瓷渐渐丧失了市场竞争力。明清之交，竹口曾试图放弃传统的青瓷生产，改烧青花瓷。我们在竹口后山，曾捡到过一件瓷器标本，青瓷与青花瓷的残片，竟然粘连在一起。救亡图存的竹口窑工，曾经在青瓷窑中兼烧少量青花瓷，以寻求仅剩的一点点生存机会，然而终不可得。

四

竹口地处闽浙边界，以烧造浙南的龙泉窑风格青瓷为主。但也有个别窑场，在南宋时期，烧造闽北建窑风格的黑釉茶盏。竹口镇北一公里的潘里垄，就是专烧黑釉盏的窑场。

两宋时期，建州（建宁府）的黑釉茶盏，适宜“斗茶”，风靡海内，称为“建盏”。我曾到建瓯考察过黑釉窑，偌大窑场，碎片堆积如山，竟只有茶盏一种产品，真不可思议。同期的浙南地区青瓷窑，瓯江上游的龙泉，飞云江上游的泰顺、文成县，通常也兼烧少量的黑釉盏，以迎合当时的市场。但像潘里垄这样纯烧黑釉盏的专业窑场，则极其罕见。当然，细思起来也不奇怪，一方水土一方人，所谓“闽浙分界”只是人为的行政分界，处州和建州本来就山水相连。

潘里垄窑址，是浙江境内已知唯一的专烧黑釉茶盏的窑场。因为其独特性，很早就公布为“庆元县文物保护单位”。2009 年，因为规划中的高速公路可能要经过窑址，我曾前去调查，很为沿线的文物如红军桥、红军亭、古窑址的安全而忧心。后来听说公路并不经过窑址，才算放心。

躲得过初一，躲不过十五。潘里垄虽然躲过 2009 年的一劫，2011 年竹口镇地方建造“工业园区”，未经文物部门批准，当地人发扬愚公移山精神，填平山谷，培高地基，竟将窑址填埋在十几米深的土石下方，为上级文物部门检查发现后，亡羊补牢，我组织并参加了潘里垄窑址的抢救性考古发掘。

这是我今生见过的最奇怪的考古工作——先用挖掘机掘开覆盖其上的泥石土方，露出原来的地表。考古队员在十多米深的“坑下”作业，

• 2009 年，我来到潘里垄窑址，地表随处可见南宋黑釉盏。

• 2011 年，我们前来发掘时，潘里垄窑址已遭建设工地掩埋。

四壁高峻的土方，常有泥石滑落。每当收工，考古队员长出一口气，仿佛自火线下来的战士，深感平安归来，实属不易。

与潘里垄相仿，竹口窑也是“庆元县文物保护单位”。其实，以竹口窑在龙泉窑系统中的重要地位，完全可以升格为“省保”乃至国家级文物保护单位。但是，竹口窑紧邻集镇，人口众多，房屋密集，面临的文物保护压力大，当地政府不愿意自找麻烦，将文保单位升格。近年，“盛世藏宝”之风大兴，完整的龙泉瓷器固然可宝，釉色好的瓷片也能卖钱。山上的窑址，早已被古董贩子、文物爱好者、热衷传统文化的人士翻过很多回了，碎小的瓷片，俯拾皆是。

当年，陈万里先生来竹口调查龙泉窑，捡拾瓷片，老百姓问他，“你是江西人吗？”言下之意，这些零零碎碎的没用的东西，只有江西的“傻子”才肯收罗。如今，我在竹口窑游走终日，从未有人前来盘问，到这里寻宝的人太多了，本地人早已司空见惯。

竹口窑所处的保护环境很复杂，公布为“县保单位”已是负担，如果升格为更高级别的文保单位，谁来负责？在经济建设和现实利益面前，文物保护是次要的。

五

靠山吃山。除了烧窑，竹口的香菇栽培、伐木业、造纸业，同样历史悠久。

我们认为，古人的传统生业、生产方式，甚有研究的必要。然而，古人一般不会这么看，乡邦文献中，对烧窑、造纸几乎不著一字。惜墨如金到这种地步，只能说明这些东西在古人眼中都是不值一提的“末业”。尽管今天的人们把龙泉青瓷当成宝贝，说瓷器、造纸是中华民族的伟大创造，并誉之为中华文明的象征。

• 后窑许的许氏宗祠。

《竹口许氏宗谱》不载窑事，各种版本的庆元县志也是如此：一个烧窑的，有什么可说呢？

过去的山乡，很少读书人，“或有耕而兼读者，或有耕而挂名胥吏者，避役故也”（嘉庆《庆元县志·风土志》），读书多半也只是为了避免繁重的劳役赋税而已。清朝两三百年，山乡也不出一个举人，更遑论进士。然而，旧县志偏又对读书人的事，成篇累牍，不厌其烦。同样，这也只有一种解释，就是古人认为读书做官远比烧窑有意义，才是值得夸耀的事业。

“人杰地灵”的说法，怎么说都能成立。不出读书人就是“人不杰”，人不杰就是地不灵，反之亦然。就算你把龙泉青瓷吹上了天，也无法证明家乡藏龙卧虎、钟灵毓秀，这就是古人的价值观。

不知从什么时候开始，竹口老街的这头有了“宋神童尚书墓”，老街另一头有座“神童故里”的门坊。看上去，都是清代文物。

神童，名叫陈嘉猷，南宋竹口人。照嘉庆《庆元县志·人物》上说，他是镇上不世出的人物，自幼聪颖，出生三日就能开口说话，“登绍兴神童科，累官至礼部尚书。公忠耿介，有经济大略，朝绅重之”。然而，我遍稽《宋史》《建炎以来系年要录》等基本史籍，也未能发现有个叫陈嘉猷的庆元籍高官。按理说，南宋前期这种级别的人，国史多少应该有点记录。

宋代规定，寄禄官在中散大夫（从五品）以上的文官，宋朝国史一般皆予以立传，按照官员差遣即实际职务的高下，文臣自少卿、监以上，死后在《实录》中撰有“附传”。元代修《宋史》列传，均以宋朝国史列传为本，当然也酌情参照其他文献。所以，除了在亡国匆促的南宋末期，国史未及修成，许多官员失载或语焉不详外，其余够格的官员，《宋史》大多有传。如果高宗朝真有陈嘉猷其人，他的差遣之一礼部尚书是从二品官，《宋史》不可能不予立传。即便不立传，这样的高级官员，宋代史籍也不可能影踪全无。

本土的秀才，大概也发现了这个问题，神童固然厉害，可是底气

• 村庄这头的“宋神童陈嘉猷墓”，本是浙南山区典型的墓葬样式，近年经过重修，反而显得不伦不类。

• 村庄另一头的“神童故里”门坊，看着像是清代文物。

不够强硬。于是，竹口出现了一块名头更响亮的招牌“王伯厚先生故里”，就是我们前头在阜梁桥上看过的牌匾。

王应麟，字伯厚，号深宁居士，南宋淳祐元年（1241）进士，宝祐四年（1256）中博学宏词科。王应麟著述丰富，是名满天下的大儒。然而大家都知道，他是南宋庆元府鄞县（今宁波鄞县）人，千真万确的宁波人。查清代钱大昕《王深宁先生年谱》、今人龚延明《王应麟事迹编年》，纵观王应麟一生，也似乎从未到过万山深处的处州庆元县。

求贤若渴的秀才，不知道是故意还是无知，直把南宋庆元府当作庆元县。于是，王应麟就成了处州府庆元县竹口的乡贤。雍正《浙江通志》严厉批评了这种攀援名人的做法，指责庆元的“陋儒”将庆元府和庆元县混为一谈，荒诞不经。当然，关于王应麟是竹口人的说法，在当地流传有序，从明代开始即已盛行。

毫不意外，竹口镇里，挂起“王伯厚先生故里”牌匾，树起为宋进士王应麟立的进士牌坊，竹口水尾的回龙潭甚至还有王应麟的坟墓。

从此，一切无可辩驳，王应麟就是竹口“人杰地灵”的象征。县官、乡绅来访，摇头晃脑，赋诗撰文，说王应麟先生的大名，与日月同辉，海内之士谁人不晓，“先生居敬穷理，道学阐濂闽之蕴”，他们做晚辈的理当见贤思齐。

这故事多么匪夷所思。但是，所有的旧《庆元县志》都当王应麟是竹口人，山乡的历史就是这么写的。

六

2011 年秋，我在竹口调查古窑址、发掘潘里垄期间，竹口溪上的阜梁桥，正在重建中。在我离开竹口时，正值桥墩的奠基仪式，噼里啪

• 2012 年新建的阜梁桥，蔚为壮观。

• 新阜梁桥，新建起王应麟纪念馆，桥头新挂起“王伯厚先生故里”牌匾，却将“故里”讹为“故裡”。

啦，燃放着鞭炮，仿佛为我们的考古队送行。

次年，我们回到杭州后，竹口镇传来重大历史发现的信息，据清咸丰二年（1852）《竹口王氏族谱》记载，历史疑案终于水落石出——原来南宋亡国后，王应麟先生以遗民自居，隐居到了竹口。经过地方文史学者研究，王应麟果然是竹口人，铁证如山。镇里有个朋友，打电话来，邀请我去论证论证。我没有去。

我至今未能读过这本历史秘籍，然而就算见到了，犹如我读过的各种县志，又能证明什么呢？

2014年，竹口镇上有老百姓扩建自家房屋，将“县级文物保护单位”竹口窑挖开了一个大口子，豁口上挂满瓷片、窑具，地表一片狼藉。因为涉嫌破坏国家文物，派出所决定对房主进行行政拘留。我再次来到竹口，前往现场，评估遗址的破坏程度，以作为采取进一步处罚措施的依据。

村民随意破坏国家文物的行为，必须制止，违法犯罪者必须为自己的行为付出代价。但是，当年未经审批将潘里垄窑址就地填埋的决策者，又该如何处罚呢？我对这位可怜的扩建自家房屋的村民，不免有点恻隐之心。

我从小镇出来。新阜梁桥，落成有时，金碧辉煌，已为竹口镇的新地标性建筑。桥头果然重新悬挂起“宋王伯厚先生故里”的匾额，并建起古色古香的“王应麟先生纪念馆”。

【附记】

感谢浙江省文物考古研究所刘建安先生对写作本文的帮助。

古物丛谈

1997年前后，我在《杭州日报·西湖》副刊撰写“古物”专栏，一组“科普不像科普，文艺不像文艺”的游戏文字。在“前互联网时代”，至少在杭州，这是一组少见的文字，无论形式，还是内容。《杭州日报》的戎国彭老师，给了我很多鼓励，说这么多年《杭州日报》副刊部终于又发掘了一个有才华的年轻人，还特意叫我到报社吃饭。戎老师也许已经淡忘此事，但我依然记得。

当时，我参加工作不久，在学校读书也不用功，并无古文物知识，也无实际工作经验，只凭着一股才气，不管不顾地写去。报社的编辑老师给了我很多鼓励，当然，也有一些前辈不以为然，以为年轻人应该把主要精力放在考古业务上，不必做这些无聊的“杂览”。但我的同事蒋卫东先生说，年轻人写一点活泼泼的文字，也未尝不可，并向我提供了一些写作素材，由我负责添油加醋，也即这里的《铎》《弓箭》两文，这是我俩当年合作的文字——那时，蒋兄大概也就三十出头。年轻人总是敏感，哪怕来自前辈一点点的鼓励话语，都能让自己铭记终生，何况蒋兄是以实际行动鼓励我。

大约在2000年前后，我就很少写这类不三不四的文字了。一方面，因为积累不够迅速枯竭了，这原本是种“才气活”，才气就是一股“气”，冒光了，也就完了；另一方面，我认识到，自己确实应该将主要精力放在考古业务上。后来，发掘古窑址、古墓葬，辗转各地，就很少写、终至于完全不写“杂文”了。

阅历的增长，会在潜移默化中，改变一个人对文字、对生活的看法。后来，我偶尔看到旧作，简直不敢相信这些竟然出于己手，甚至感觉难为情。这就是传说中的“悔其少作”吧，我以为过去的文字，缺少真情实感，更无真知灼见，总之，因为生活阅历的缺乏，少有真正属于自己的东西，光凭一张“油嘴”说话，这是不能容忍的。

现在想来，无论过去多么幼稚，也是自己一路走来的足印。成长的过程，本身并不可笑。2010年以后，我又重新拿起笔，写一些考古手记，记录考古工作中的所见所闻、所思所想，尽管在文字的趣味与内容上，与过去大不相同，但本质上，仍不过是承袭年轻时代的理想“余绪”罢了。退一步言，这组文字的内容尽管幼稚，但其形式，在20年前终归是“新”的。今天，我选编当年“古物”的部分文字，稍事修改，以《古物丛谈》为题刊布于此，酌情保留年轻时代的痕迹，并以此纪念本人一去永不复返的青春。

一　鼎

说花花草草、坛坛罐罐，首先应该说鼎，因为它最不平凡，犹如百兽中之雄狮，群芳园里的牡丹。

鼎，《辞海》释义：古代炊器，多用青铜制成，圆形，三足两耳，也有长方四足的。再通俗点，鼎是三只脚的釜（锅）。但是，将鼎当成普通器具是不够的。夏商周三代，鼎是立国重器，国家宗庙里的列鼎被敌人毁坏、抢掠，国家也就象征性地完蛋了，所以篡夺权力叫“问鼎”。汉武帝曾获得一古鼎，以为是江山永固的祥瑞，索性将年号改为“元鼎”了。

王侯将相，宁有种乎？鼎，当然不会像老子一样，甫落地便是白发苍苍的模样。鼎的出现、演变，有个漫长的发展过程。拿浙江来说，河姆渡文化第三期（距今约6000年）的陶鼎，貌不惊人的样子，与釜的实际功用大概没有区别，只是釜圆屁股，坐不住，生火做饭，需要额外的陶支角辅助架设，而鼎可以稳健站立，三足鼎立嘛，生起火来更方便些。

至于鼎如何从普通器具，一步一步，走向辉煌，成为庙堂之上最重的礼器，沟通天人之际，彰显拥有者的身份，里头的学问大得很，我当然说不清楚。但到商周时期，情形就明朗了，著名的司母戊大方鼎，花纹面目狰狞，其大可容下一头牛，这样的巨无霸当然不仅仅只是实用器，总该有些神圣、威严、恐怖、神秘的意味。还有一类鼎，袖珍得连一碗稀饭也煮不开，也不是实用的，专用作随葬。

至于随葬鼎，更有话好说。孔子讲“克己复礼”，希望恢复周公时代的社会规范，这规范多半系于“礼”。据说，“礼”在很大程度上是用列鼎制度来维系的。人分三六九等，君君臣臣，父父子子，天子用九个铜鼎，诸侯用七鼎，卿大夫用五鼎，士只能用三鼎，依次递减到老百姓，就不允许拥有鼎。九鼎、七鼎，样式类同，大小依次递减，称为“列鼎”。在“郁郁乎文哉”的时代，规矩被严格执行着，该用几鼎就用几鼎。但到了孔子生活的礼崩乐坏的年代，一切都乱了套，老百姓居然也敢僭越用鼎随葬，这就叫“人心不古”。

真是儿子打老子，是可忍，孰不可忍！孔子毅然周游列国，希望阻止江河日下的世风，回归旧日的秩序，但他失败了，因为时代一去不返。

秦汉以来，人们仍不断铸鼎，不过造得越来越粗糙、越来越轻佻，诚如鲁迅小说《风波》中九斤老太所说“一代不如一代”了。再后来，道士炼丹用的铜器，文人雅士的案头陈设，分明是鼎，名字却改叫“香炉”。

宋徽宗有意复古，力图回归三代，铸造过一批“新成礼器”，新铸“九鼎”，品质甚佳。无奈“靖康国难”，亡国太促，礼乐用器俱为金人所掠，曾经是天命所归的光荣象征，恰恰沦为无道丧国的耻辱烙印。宋元时期，各地孔庙学宫、宗教寺观的仿古铜鼎，优劣不一，与三代气象，相去已远，就像我临写的王羲之《兰亭序》，认真的时候，我的老师点评说，勉强得其形似，懈怠时，则连形似也达不到。

二　铜镜

现代人用玻璃镜照容，古人用铜镜。铜镜没有玻璃镜好用，但比玻璃镜值钱。这回说铜镜，不为奇货可居，实为铜镜与中国古史同生共灭，随国运兴衰而浮沉，百试不爽。

铜镜以圆形为主，偶尔也有其他形状，用以照脸的一面油光可鉴。今天有专为自行车补胎的，古代有专磨镜子的匠人。镜背因不履行照脸的义务，成为匠人大显身手的舞台，装饰有繁密的花纹，中心有一圆纽，纽中穿孔，用以穿系丝带，以便于掌握。铜镜之基本形制，如此而已。

我国最早的铜镜出自青海齐家文化的新石器时代晚期遗址。夏商周三代，铜镜的数量，举国上下也不过百枚，多其貌不扬，有的索性素面朝天。值得一提的是，上述铜镜均作圆形，而同期外国铜镜却是有柄的，可见我国一开始就以相对独立的姿态屹立于世界东方。

夏商周并非模范社会，汉朝才是第一个黄金时代。汉镜之工艺、内涵，可写部大书；事实上，关于铜镜的著作汗牛充栋，有人居然能用一面铜镜写一部书。按照今天国人的印象，日本电器比国产的强，当时的风水可倒着转，东洋人的镜子大概得从中国进口。日本各地出土的汉晋铜镜，据说由中国传去，据某种说法，甚至是东渡扶桑的东吴工匠所铸。

魏晋南北朝时期，战乱频仍，生命如薤露，相对于两汉时期，铜镜制作江河日下。只是不知，铜镜的粗糙，可与魏晋人慷慨激昂地喝酒服药空谈的名士风度有关？

唐代疆域辽阔，国人胸怀宽广，铜镜也有盛唐风范。遥想“李白斗酒诗百篇”的时代，人们何其豪放自信，管他来自波斯或罗马的动植物，一律“拿来主义”，用作自己的装饰题材。单看恢宏大气的瑞兽葡萄镜，就可知那是个不俗的时代。我曾经窃笑，古人为什么会用影影绰绰的铜镜照容，照起脸来，竟还不如脸盆清晰？直到有一天，我在博物馆里见到一面唐镜，镜背漆黑光亮，号称“黑漆古”，镜面平整，银光闪闪，照脸真如玻璃镜子一般明晰。现代人面对古人时轻佻的优越感，顿时烟消云散。古人才不会那么笨呢，我们今日所见黯淡无光的铜镜，只不过是因为锈蚀了，当年都曾照额黄眉绿。平时，铜镜用布包起来，装进密封的镜奁，绝不会无谓地暴露在空气中，徒生绿锈。

宋元明清，铜镜的花样越来越多，桃形的、葵花形的、方形的，唐代的大气象不见了，多了些轻松、轻佻、世俗化的生活气息；蒙元政权，铜镜也不给兄弟民族争气，粗劣的模样让藏家也不屑；明清时期，除了向古人讨救兵已无太好的招法，你看那铜镜，创新力全无，仿造汉唐铜镜的风气大兴，崇古仿古，以为典雅。一代有一代之艺术精神，明仿古镜，乍看之下，似乎有点古人风范，实则精气神差远了。

再后来，西方世界的坚船利炮，轰开了国门。国粹的铜镜，终于不敌舶来的玻璃镜，败下阵来，渐渐退出历史舞台。玻璃镜取代铜镜是不可阻挡的时代潮流，但是鲁迅先生在《坟·看镜有感》中讲过一个故事，耐人寻味。我的文字当然好不过先生，干脆照抄原文，以飨诸位：

> 但我向来没有遇见过一个排斥玻璃镜子的人。单知道咸丰年间，汪曰桢先生却在他的大著《湖雅》里攻击过的。他加以比较研究后，终于决定还是铜镜好。最不好解释的是，他说，照起面貌来，玻璃镜不如铜镜之准确。莫非那时的玻璃镜当真坏到如此，还是老先生又带上国粹眼镜之故呢？我没见过古玻璃镜，这一点终于猜不透。

汪曰桢，浙江湖州人。湖州是宋代以来重要的铜镜产地，湖州石家镜，风靡海内外。湖州本不产铜，据说城内的苕溪水，适宜铸铜，故而铸镜特佳。明清以来，继之而起的湖州薛家镜，依然名满天下。也许是这个原因吧，爱乡情切的汪先生在《湖雅》中“带上国粹眼镜”，说出一番离奇的话。历史越悠久辉煌，留给后世的包袱也越重，在新时代到来之际，越难以轻装上阵、迅速转型。

各位看官，铜镜简史，是否像一部中国古代简史？

三　剑

剑，古兵器，便于随身携带，可刺杀，可砍劈。

然而，剑并非只是简单的打打杀杀的工具。剑，早已融入中国传统文化之中，这世界上，如果存在酒文化、茶文化、侠文化的话，宝剑已经打入了“侠文化”的核心。比如传统的剑术，刚柔相济，与其说是搏杀技艺，不如说是修身养性。武侠小说中的壮士，腰间佩一古剑，英姿飒爽，“十年磨一剑，霜刃未曾试。今日把示君，谁有不平事。”如此豪气，令人心驰神往。

说剑，照老规矩，还是从三皇五帝讲起。现存最早的古剑，出土于陕西西安张家坡西周墓中，形似细长的柳叶，极短，似乎称为“匕首”亦无不可，大概是短兵相接时才用的武器。几个人扭作一团，推推搡搡，哪里有剑客风度可言，我不喜欢，不说了。

剑，大兴于天下，是春秋以后的事。在此不可不提我们吴、越两国的宝剑，因为这两个地方所铸造的宝剑，质量最好，声誉最高，干将、莫邪的英名，至今流传。口说无凭，湖北江陵出土的越王勾践剑，历经千年，完好如新。1996年杭钢集团斥巨资为浙江省博物馆购回的越王剑，同样寒光凛凛，连剑茎上的丝缑也完好保留。不过，卖膏药的也要讲常识、守规矩，不该胡乱吹牛，青面兽杨志卖刀时宣传的“砍铜剁铁刃口不卷，吹毛得过，杀人刀上没血”，那是不符合实际的。专家说，吴越铜剑擅长于直刺，而不以斫击为主。说句玩笑话，哪怕利刃破得了任何坚盾，也有两样东西断不得，一是流水，二为烦恼丝，多情诗人说的。

天下诸侯都铸剑，为何吴越一边风光独好？《考工记》说，吴越剑之所以好，乃因为地气风水使然，正像橘树过了淮北就成了枳，貉渡过汶水就活不长了。我读这段话，大惑不解。在印象中，今日江浙一带的炼钢铸铁等重工业也不见得著名，何以春秋时代风土气候特别适宜铸剑？真正原因，恐怕不在此，吴越大地水网密集，驰骋中原的战车无用武之地，而步兵却很发达，步兵离不开剑。时势造英雄，于是天下能工巧匠，群贤毕至。归根到底，是“人才”起了作用。对，是人才的作用。

战国时代，中原各国改学“胡服骑射”，车轮滚滚，滚进了死胡同。战车衰亡了，战争还是要接着打的。于是，剑大范围流行开来，在维系军队纪律、战斗力方面，地位尊崇。还是那本《考工记》说，剑身长度为柄长五倍的称上等剑，供上士佩用；剑身长度为剑柄四倍的，称中等剑，中士用……。剑制，如同今天的军衔，我手中之剑比你的长而重，仿佛五星上将面对四颗星，尽管只多一点点，毕竟权威得多。

在我们熟知的“鸿门宴”故事中，项庄舞剑，意在沛公，在座的主人、嘉宾，个个随身佩剑。三国时代，东吴将领凌统与甘宁素有深仇，一日在吕蒙举办的宴会上狭路相逢，凌统分外眼红，就援例来个“凌统舞刀，意在甘宁”。于是，席间刀戟交错，日月无光，而打架劝架的人群中，却始终不见一位拔剑相向的。看来，东汉末年，军人已不大随身佩剑了。

至于唐代大诗人李白仗剑走天涯，大概只是为了抒发英雄豪情，正像今天真假不辨的大款，手里攥个大哥大，嗓门洪亮，一半为了实用，一半为了装饰，到底哪个用途占上风，就不好说了。

四　铎

铎，形似大铃的铜器，铜筐中有舌，摇一摇，舌震荡铜筐，叮当作响。《现代汉语大辞典》《辞海》，开门见山，说它是古代乐器。

然而，在我们印象中，上档次的古乐器，不外乎编钟石磬、琴瑟竽笙之属，根本轮不上铎。

假如我们愿意去翻阅一下古书，铎先前竟也是阔过的。《周礼》中，铎的曝光率很高，注疏者归纳了一下，得出了“武事奋金铎，文事奋木铎”（金铃金舌谓之金铎，金铃木舌谓之木铎）的结论。“武事”就是打仗，古典小说中“击鼓进军，鸣金退兵”，是后世的套路。在上古，一切行动听从金铎指挥，铎儿摇几下，如同大部队反攻前夕“嘀嗒嘀嗒”的军号声。

“文事”用的木铎，是国家颁布法律禁令、征税施刑，甚至埋葬死人时，才派上用场的。官员一边摇木铎，一边巡视，提醒各位注意禁令，此情此景，大概与时下居民区老大爷手持电喇叭，一幢挨一幢高呼“火烛小心，门窗关好”的意思差不多。周代史官编集《诗经》时，下乡采风，手里也摇木铎，老百姓听得铃儿响，知道买故事的又来了，纷纷出来讲故事、唱山歌，以换取菲薄的“稿费”。只是不知道，孔子传授七十二弟子，集结放学，是否也要摇几下铎儿？

据汉人许慎《说文解字》的说法，军队中每五个士兵配置一个摇铎的。果如是，小打小闹倒凑合，十万雄师南征北战，成千上万的人摇起铎来，参差不齐，恐怕不能壮军威，反而会自乱阵脚。

铎，没有能够在军事世界中风光多久，就逐渐失去了地位。原因大概不会太复杂，前些天，我在某小学传达室见到一枚铜铃，木柄铜舌。一问，知道是断电时用来指挥上下课的，一摇，声音果然清越，但传得并不十分遥远。这就是铎失宠的原因吧，我想。总之，汉晋之时，铎就已经退伍复员，转业成为乐器。

乐器就乐器吧，好歹能派上用场。

汉晋时期，流行一种铎舞，舞者持铎而舞，宴享时用来助兴。晋人傅玄《铎舞曲·云门篇》称“身不虚动，手不徒举，应节合度”，如此铎人一体，浑然天成，即便在今天，也是舞中上品。隋代，“铎舞”仍是“四舞”之一，据说舞者已不持铎，只是故作持铎状，做样子的，好比戏台上驰骋的武士，马鞭一挥就当骑马，观众目中有无真马，全凭想象。

有个形式，也是好的。稍后，铎终于被请出了贵族宴席，终身剥夺“乐舞用器”资格。

岂料民国二十三年（1934），上海华界举行盛大的孔子诞辰纪念会，大同乐会演奏了当年让孔子“三月不知肉味”的“韶乐”。为壮声势，乐器不分古今，凡属国乐器，一律配入，凡四十种。《申报》新闻说，韶乐“令人悠然起敬，如亲三代以上之承平雅颂”，鲁迅先生对此很发了一通感慨。然而，在这林林总总40种古今乐器中，竟然也不见铎的踪影。今日的民乐队，也从无铎的一席之地。

逝者如斯夫，不舍昼夜，无须感伤。要走的注定留不住，千百年来灭绝或变异的物事，又何止铎一种呢？

五　弓箭

假如远古时代也有专利版权保护法的话，伏羲、黄帝一定都是腰缠万贯的发明家，因为后人总爱把某种事物的发明权归于他们名下。弓箭，据说就是黄帝手下一位能人创造的。

假如实有黄帝其人的话，想必他来自传说中的“英雄时代”，也就是新石器时代晚期华夏部落联盟的首领。但是，据考古发现，弓箭却在更早的时候就已经出现并流行了。《周易》有“弦木为弧，剡木为矢”一说，原始的箭镞许多是用竹木制成的，竹木如同我笔下的文字，容易腐朽，所以留至今日的实物极少，或者说几乎没有。

好在有大量石箭镞存在，我们知道，山西朔县峙峪村的旧石器时代晚期遗址就有石镞，屈指算来，距今约三万年了。

弓箭一经出现，就迅速地改变了人类的生活。我们的祖先在旷野中遇着猛兽，不必再冒险去近身格斗，只要躲在角落，放个冷箭，庞然大物便轰然倒地，真快活啊！弓箭不仅对付畜生，也可以对付同类，在众多的史前遗址中，偶尔发现过被箭镞射杀的人，历经千年，皮肉无存，干枯的骨架上，赫然插着一枚石箭头。无怪乎《周易》的作者惊呼“弓箭真厉害啊，可以威霸天下”。

地下东西看过了，再看先秦古籍。弓箭的记载很多，比如，王子公孙热衷射靶或者打个中山狼什么的，明明是贵族休闲活动，偏要挤进《周礼》《礼记》。戴上“礼”的帽子，俨然成了国家大事。上行下效，乡下的年轻人，也不甘平庸，每逢射箭比赛，积极参与，热闹得很。

有鉴于此，在古代的绝大多数时期，若有一手百步穿杨的绝技，绝对受人尊重。汉武帝时名将李广，一次出猎，“见草中石，以为虎而射之，中石没镞”，如此神力，只有射落九个太阳的后羿可比，盛唐的王昌龄仍在咏叹“但使龙城飞将在，不教胡马度阴山”，《水浒》中的神射手花荣，绰号也是“小李广”。

说来惭愧，虽然我们的民族向来推重弓箭，崇拜弓箭手，但是，所谓“戎狄蛮夷”，在弓箭这个项目上，似乎总比汉人领先一步，高明一等。战国时期，赵武灵王向胡人学习了穿短袍和骑射，就很威风了一阵。宋代的文人总说“一支笔横扫千军”，可终究不敌“只识弯弓射大雕”的成吉思汗及其子孙。明朝的威武大炮轰死了努尔哈赤，终究也挡不住长于骑射的满人入关。清朝的皇帝，歌舞升平之余，终不肯放弃骑射的传统，故宫博物院藏郎世宁画的《乾隆行射图》，如此矫健的真龙天子，真不多见。可惜，后来的“八旗子弟”却几乎成了游手好闲的代名词，《三国演义》中的黄忠一大把年纪，照样拉一满弓，旗人正值年少，已无力动弹了。当然，话说回来，即使他们拉得动弓箭，也未必能招架得住洋人的坚船利炮。

近代中国，受挫感太深，心灵创伤，至今犹存。今天，我们与洋人一样，都不再拿弓箭当武器了。但射箭仍然是奥运会的比赛项目，尤其是女子射箭，中韩两国几乎要垄断所有金牌。每当看到洋人们站在台下，盯着领奖台上的中韩运动员，神情羡慕，我们这些曾被侮辱与被伤害的民族，该不该因此而稍觉心安？

六　筷子

筷子起源于何时，已不可考。考古材料中，最早的筷子出土于云南祥云大波那铜棺中，年代为春秋中晚期，筷子上下一般粗细，分不出哪端是首，哪端是尾，既不卫生也不便于夹食。先秦经典《礼记·曲礼》郑玄注中有“饭以手”的说法，身居庙堂之高的雅人竟然也以手抓饭。可见，在先秦时代，筷子既原始，也不盛行。

大约到汉代，筷子开始流行。《汉书·周亚夫传》说，汉景帝赐周亚夫食，却不备筷子，周亚夫愤愤不平，可作佐证。西汉早期，湖北云梦大坟头一号墓出有竹筷，已具备首粗尾细的基本特征，只是比今天的筷子纤细很多。考古学家说，这可能与古今不同的食物结构有关。

筷子太小，做不出像样的文章。我搜索枯肠，只有一条掌故，值得一说，明人陆容《菽园杂记》卷一，说吴中民间行船讳言“住”，

“箸”“住”同音，犯了船家大忌，遂改名为“快（筷）儿”，寄寓“船儿快快行”的愿望。今天的杭州人，将筷子唤作“筷儿”，吾乡方言台州话仍称为“箸”，显然古得多了。我每次见到杭州人，就向他夸耀家乡方言的古雅。

除了这条长志气的掌故，还有个故事，不吐不快。《红楼梦》第四十回，实在可恨，刘姥姥进了大观园，本来就看花了眼，红楼姑娘偏要寻她开心。大办宴席时，凤姐与鸳鸯商议定了，只给了刘姥姥一双“老年四楞象牙镶金筷子”。老太婆拿在手里，直觉得比家乡的铁锨还沉。凤姐偏又拣了一碗鸽子蛋放在刘姥姥面前，老太婆念念有词，“这里的鸡儿也俊，下的这蛋也小巧”，便伸筷子来夹，哪里夹得动，满碗子闹了一阵，终于撮起一个，才伸着脖子，偏又滚落在地上。在座的佳人乐坏了，有的喷出一口饭，脏了人家的花裙子；有的笑岔了气，伏在桌子上直哎哟……

读《红楼梦》，就是长见识，这双“老年四楞象牙镶金筷子”，我就从未见过。光听一长串名字，就很吓人，想必是制作极考究的筷子，考究到乡下人都使唤不动了。

这种筷子，大概只是摆设。至于实用，还是朴素点的好。不过朴素得近乎寒碜，似乎也并不见佳。

为图爽快，这些年我常到快餐店就餐，小店用的全是一次性的“卫生筷”，装在小塑料袋里，取出一分为二，方便得很，只是觉得有点毛糙，甚至扎手。刘姥姥是嫌筷子太重，我是嫌其太轻，薄薄的小木片拿在手中，一点分量也没有，夹些圆溜溜的食物有难度，万一用力过猛，筷子居然还会断于碗中，好不扫兴。

《世说新语》有则笑话，有一个人，叫王蓝田，吃鸡子，左右夹不住，气得一把将鸡蛋掀翻在地，还狠命踩上几脚。我猜想，这位仁兄无此口福，原因无非有三条：一、脾气太暴躁；二、技术不过关，筷子常打架；三、筷子品质太好或者太不好。我遭遇到的困难是第三条原因，而且是筷子太不好所致。

一双筷子，卫生实用最重要，精致一点也无妨。“象牙镶金”好像不必要，“薄薄的小木片”也不妥当。筷子之理如此，小到作文，大到做人，又何尝不是如此——该讲究的不可将就，该将就的又不必太讲究。

龙公庙

温州乐清市北白象镇的乐东村，有座龙公庙，香火甚旺。我刚来的时候，望文生义，以为是龙王庙。进去逛了逛，但见正殿上，供奉着三座神灵：蔡三元帅，居左；姚大将军，居右；居中者，姜大夫圣王。

此乃何方神圣?

村民说，这是古代的三个窑神——很久很久以前，我们村里人以烧窑为业，为朝廷烧造“贡瓷”。官府逼得紧啊，可我们烧不出好瓷器，无法交差。眼看就要闯祸了，三位窑工，挺身而出，纵身炉火，以骨作薪。翌日开窑，贡瓷烧成，胎釉绝佳。世人有感于三位壮士的自我牺牲精神，遂立庙祠之。

烧窑的地方，多有窑神，景德镇有，龙泉也有。乐东村附近，果然也有一处古窑址，地表的瓷片，随处可见。据遗物判断，是五代吴越国时期的青瓷器，品质一般，我估计充不了“贡瓷”，因为皇帝不会看上粗瓷大碗。窑址延续时间不长，大概废弃于北宋初年。一千多年前的古窑，怎么跟今天的龙公庙扯上关系，谁知道呢?

龙公庙正殿两侧的东西两庑，供奉有名目繁多的神祇：陈十四娘娘、胡公大帝、杨家将，甚至还有铁扇公主、孙悟空……各方神灵何以纷纷前来陪侍“窑神”替村民主持公道，谁知道呢?

陈十四娘娘，即陈靖姑，是浙南、闽北地区常见的信仰，治病、除妖、解厄、保胎、送子，无所不能；胡公大帝是北宋时期的清官、永康人胡则，曾上疏奏免婺、衢两州的身丁钱，浙中之民至今感念其恩德；至于杨家将、铁扇公主、孙悟空，为何也来凑热闹，谁知道呢?

这倒不是说，大小神灵，都是等量齐观的。在村民看来，论护国佑民、驱魔消灾的法力，以陈十四娘娘的本领最大。这是本土最受尊崇的“菩萨”，除了龙公庙，村里另有太阴宫，专门用以供奉陈十四。

龙公庙里的“菩萨”，济济一堂。菩萨们跟凡人一样，各有各的生日。每逢菩萨寿诞，庙里必演戏以酬神。

每当演社戏，当然也会邀请太阴宫里的陈十四娘娘前来看戏，村民将她用轿子抬来，与龙公庙的陈十四娘娘，并排坐好，一同看戏。虽然这段日子，并不是娘娘的生日。

按乡俗，“菩萨戏”只能演单数日，三天、五天或七天，加演需要额外加戏金。本次社戏，演出七天七夜，每日演两场，下午一场，晚上一场，演出陈十四娘娘的传统戏——瓯剧《南游大传》——关于陈十四娘娘出生、修道、诛妖降魔的系列故事。

故事曲折动人，讲述的是一个法力无边、救苦救难的好娘娘。村民争相观看，戏台前人头攒动，跟过年过节一般热闹。

开演之前，男女老少前来“探班”，看戏箱，看行头。梨园界，以唐明皇为祖师爷。我看到的戏班行头里供奉有唐明皇神主，中题“祖师爷唐明皇之位”字样。

最要紧的是看戏子，姑娘年不年轻？扮相漂不漂亮？戏子对镜梳妆时，门口挤满评头论足的看客，说到兴头上，偶尔会冒出一两句荤话。

戏金，由乐清市柳市镇的一个老人支付。老人每年有几十万元的房租收入，但他认为，房租是不劳而获的不义之财，只能捐出用来在乡下寺庙中演戏，算作功德。

这次，老人为龙公庙请来了温州瑞安市某瓯剧团，是个“草台班子”。七天七夜的戏，共支付 7.2 万元。换言之，剧团的日均酬劳，约 1 万元。演出人员的食宿，由村民负担，经费则来自挨家挨户的小额募捐。

瓯剧团的工作人员，从台前到幕后，共 28 人。每日万元的酬劳，除去交通、服装、脂粉费，摊算下来，扮演陈十四娘娘的“女一号”，日均收入也不超过 800 元。

这种状况，不算太差。我到该村发掘古窑址，即传说中的“窑神”牺牲之所，正值三四月份。这是演戏的旺季，一台戏价，能卖到八九千甚至上万元。到六七月份，每台戏顶多只能卖三四千元，折算下来，仅供糊口。为了节约成本，戏子们用着廉价的化妆品，舞台上，看似形象光鲜，卸了妆，个个面色黯淡，脸上坑坑洼洼。

那么，他们为何要整日奔波，辗转各地卖戏呢？可是，若不演戏，又靠什么糊口呢？只好进鞋厂、服装厂打工吧。

据我了解，他们中的许多人，真心喜欢这样的生活方式，走南闯北，唱唱跳跳，就把饭钱给挣了，比起在服装厂、写字楼里打工，有意思多了。

再说，戏剧人的情感生活，通常丰富多彩。趁着年轻多跑跑，喜欢谁就是谁，总比整日宅家寻愁觅恨的好。我们只要今日的快乐，至于明天，谁知道呢？

但愿陈十四娘娘保佑！

长安道上

一

我的小学时光，在浙南海岛玉环县的一座庙宇里度过。简陋的教室，墙头挂着一幅《中华人民共和国地图》。我常常盯着地图发呆，咦？连接杭州与北京天安门之间，有条粗粗的黑线，黑线的一侧布满锯齿，看着像一把倒垂的梯子。老师说，这就是天下闻名的京杭大运河，世界上最长、最古老的运河。怪了，运河是把倒垂的梯子，船只从杭州出发，到北京去，自下而上，好比我们攀爬陡峭的楼梯，那该如何是好？

我的同桌，是个早慧的女生。她说，你真笨哪，我们把地图从墙头撤下，平铺在课桌上，航行河中的船儿，不就如履平地一般啦？嗯，我恍然大悟。

长大后，我到杭州工作，住在运河边，做了运河人家。傍晚，沿着大运河散步，但见大小船只，来来往往，果然如履平地一般，始信我的同桌，诚不我欺。

2012 年，为了配合中国大运河“申报世界文化遗产”的工作，领导让我到海宁市的运河古镇——长安，主持长安闸、长安坝遗址的考古调查与发掘。我满口应允，毕竟探索京杭大运河的航运模式，是我儿时的梦想。

当我来到长安镇，又发现女同学的说法不完全正确。过去的大运河，河床高下悬殊，河上闸坝林立，犹如一道道拦截河道的关卡。古代运河航运比想象中的复杂，儿时的痴想也不算错，大运河确实像一把梯子，航行并不容易，今日一马平川的景象，那是现代河道经过大规模拓宽、疏浚后的结果。

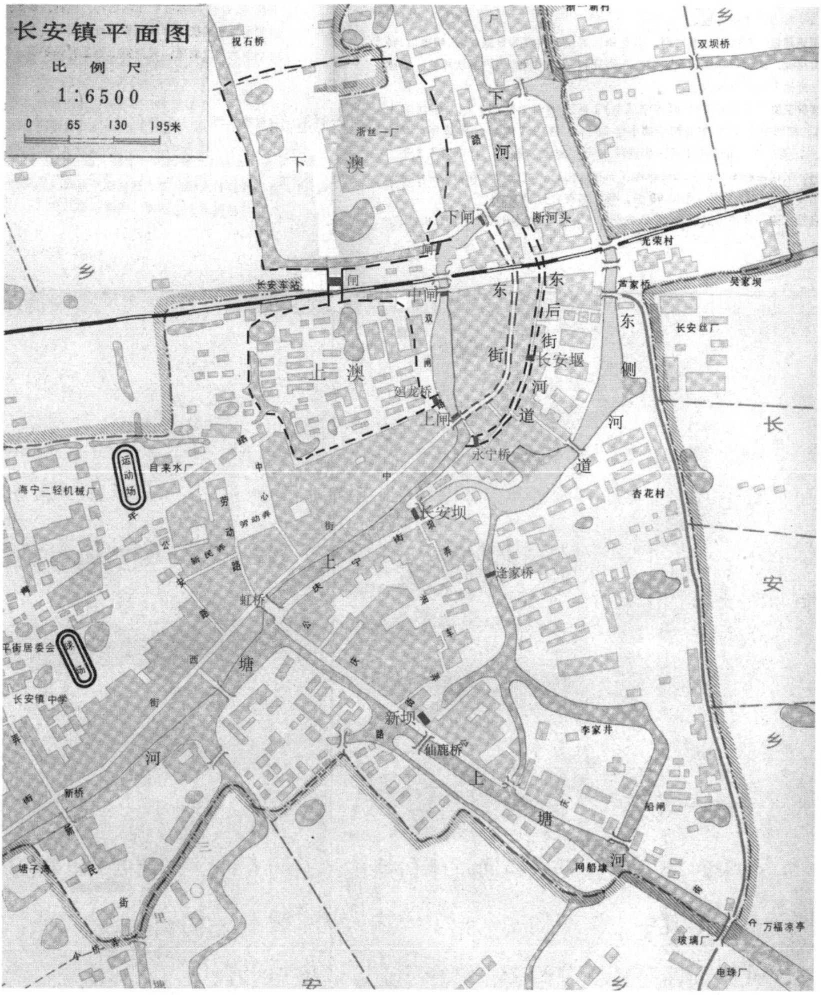

• 长安三闸、两澳、长安坝及古河道复原图。

二

元末，张士诚割据江浙期间，开凿了杭州北新关至余杭塘栖，连接桐乡崇福镇的运河段。此前，自杭州艮山门流出的上塘河，流经余杭临平、海宁许村、长安，至崇福一线的河道，才是江南运河的主航道。其中，长安镇地居险要，是万方辐辏的“水陆要冲”。

长安交通枢纽地位的形成，有其特殊的地势、水文条件。由于钱塘江的涨沙冲刷，海宁靠近钱塘江一侧的地势逐日增高，地形自西南向东北倾斜。长安至杭州的上塘河水位较高，而属于东苕溪流域的崇福至长安河段（崇长港）水位较低。上河与下河之间的水位，常年落差在两米左右。

长安镇，正好位于上、下河之间的交接地带。

于是，长安镇上，筑起层层闸坝。其一，为了处理上、下悬河之间的通航；其二，为了关防上塘河水，若无闸坝阻拦，上河水会在一夜之间，稀里哗啦，跑得精光。上塘河以杭州西湖为水源，先天不足，后来张士诚改道塘栖，主要原因也不为缩短航运里程，而在于摆脱上塘河水源的制约。

三

北宋时期，大运河是沟通杭州与都城汴京的大动脉，长安是必经之地。宋室南渡后，建都临安，长安俨然为“京畿”，大凡漕运、贸易、宦游往来浙西与都城之间者，络绎于道，长安愈形繁华。南宋绍兴二十年（1150），范成大乘舟过此，赋诗曰“明朝遮日长安道，惭愧江湖钓手寒”。这段航路被诗人称为“长安道”。

长安道上，闸坝纵横，车船喧嚣。南宋诗人范成大、杨万里、陆游，皆有诗文咏之。蒙元灭宋，伯颜大军也是经由长安进取临安。我们只要稍稍读书，就能体认长安航道的重要性。

今天的长安镇，已无两宋遗迹。元末运河改道后，明清长安航道的重要性下降，1909 年沪杭铁路开通后，水运的光景，又江河日下。但

• 上塘河及长安中街。

是，长安始终不失为浙西的商业巨镇。

长安老街，依河而建，分东街、中街、西街三段，全长1.5公里。吾乡玉环的老县城，中轴线大街，走到头不过一根烟的工夫。长安虽非县治，然旧日繁华，绝非浙南普通小邑可比。

老街两侧的商铺，多为民国建筑，以东街保存最好，完整的两面街格局，风貌未改，纯正的“民国范儿”；中街的北侧，传统建筑多已拆除，代之以高大的洋房。街道南侧的老商铺，北侧的现代建筑，好比长衫人物和假洋鬼子面对面，这是更加纯正的民国范儿。

我描写江南水乡老镇，始终不失“调侃”本色，那是因为我住在长安这两个月，不为观光、采风。运河人家，小桥流水，百般风情，各色小吃，点缀以张岱《夜航船》的掌故八卦，如此作文，倒也爽快。但如果我当真这样写文章，那么，我就不是一名合格的考古工作者。

是的，我来长安是为配合大运河“申遗”工作，调查发掘长安闸、坝遗址的。范成大、杨万里的诗歌以及江南风情，不是重点。我的问题是，长安运河文化遗产的核心价值在哪里？

唐宋大运河是以漕粮运输为主体的物资运输大动脉，也是维系帝国兴亡的生命线；大运河是人员交通往来的客运大动脉，也是维系南北经济、文化交流的大通道。航道的疏通淤塞及其运营效率，事关重大。站在考古工作者的角度，大运河文化遗产的唯一重点，就是航道。

四

长安镇口，有一座清代的石拱桥，名叫“虹桥”。该桥宋代就有，南宋《咸淳临安志》所附舆图《盐官县境图》，在长安入口处赫然绘有虹桥。上塘河穿过虹桥，进入长安镇内，再前行，来到了“分水墩”前。上塘河至此，分为两条河道，向左通往“长安三闸”（上闸、中闸、下闸），向右通往长安坝。

一条向左、一条向右的河道，在长安镇的土地上，画了一个圈。最终，在下闸附近合流为一，汇入下河，继而一路向北，流向桐乡、嘉兴、苏州、中原大地。

长安镇内，既有以闸门次第启闭、实现通航的长安闸，又有以人力拖船、翻越斜坡堰坝的长安坝。长安闸，元代以后逐渐废弃，而长安坝则沿用到 20 世纪 70 年代。这两种不同的拦截河道并实现通航的技术模式，在一地并存。就我所知，在浙江境内的浙东运河、江南运河上并不多见。

考古工作者不能满足于表面现象。这里有个关键问题，闸、坝是否共存过？如果闸是宋代的闸，坝却是晚清民国的坝，二者风马牛不相及，闸、坝本来都是运河上的常见物事，也就不过如此。反之，如果在宋代，闸、坝同时运行，那么，在科学技术史上的说法，将会完全不同。

五

唐宋大运河航运技术的具体细节，史籍极少记载，本地的旅行者对此习以为常，通常并不在意，反而是外国人，好奇异域风情，反倒愿意为此耗费笔墨。日本僧人成寻《参天台五台山记》，记他参访山西五台山，从杭州出发沿江南运河北上，次年又自北方沿运河返回杭州，先后两次取道长安，对长安闸、长安坝留有珍贵的实录。

成寻（1011—1081），日本僧人，俗姓藤原氏，于北宋熙宁五年（1072）漂洋过海，前往佛教圣地天台山、五台山巡礼，其入宋日记即《参天台五台山记》，逐日记录中国旅行见闻，其中有很多关于他在京杭大运河中过水门、越堰坝、过闸的描述。

成寻从杭州出发，乘舟北上。沿上塘河（上河），抵达长安，去往崇长港（下河）时，船过长安的情形，是这样的：

> （熙宁五年八月）廿五日庚子，天晴。卯时，出船。午时，至盐官县长安堰。未时，知县来，于长安亭点茶。申时，开水门二处，出船。船出了，关木曳塞了。又开第三水门关木，出船。次河面本下五尺许，开门之后，上河落，水面平，即出船也。亥时，至县宿。七时行法了。今日过六十里。

• 日本僧人成寻肖像。

从上河往下河的航程，采用“过闸”的形式。卯时，清晨五六点钟，从杭州出发；午时，中午十一二点，船到长安；“申时，开水门二处，出船”，指开启两道水闸门，即上闸与中闸；过中闸后，开启“第三水门”即下闸门；过下闸后，即进入下河，“次河面本下五尺许，开门之后，上河落，水面平，即出船也”，等待上、下河之间形成“平水”，船儿驶离长安；“亥时至县宿”，入夜后，抵达崇德县城。可见，长安闸是由上、中、下三闸组成的“复闸”，以三闸的次第启闭，调节不同闸室内的水位，形成上下河之间的“平水”，实现通航。

第二年，成寻访五台山归来，自汴京返回杭州，沿下河，过长安，

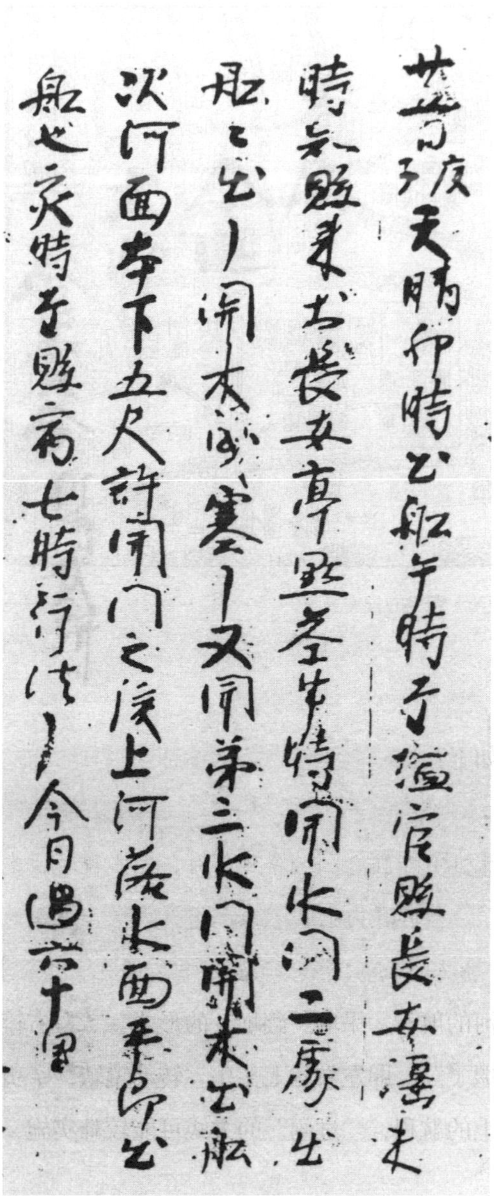

廿日壬戌天晴卯時出船午時至鹽官縣長安堰未
時知縣來於長安亭點茶申時開水門二處出
船〻出了關木曳塞了又開第三水門關木出船
次河面本下五尺許開門之後上河落水面平即出
船也戌時至縣前七時行法了今日過六十里

• 成寻《参天台五台山记》中关于长安三闸的记载。

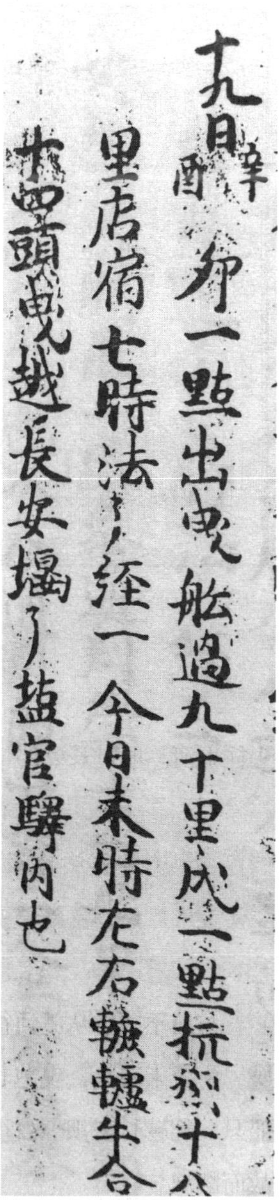

十九日辛酉卯一點出船過九十里戌一點杭州十八
里店宿七時法花經一今日未時左右轆轤牛合
十四頭曳越長安堰了鹽官縣内也

• 《参天台五台山记》翻越长安堰（坝）的记录。

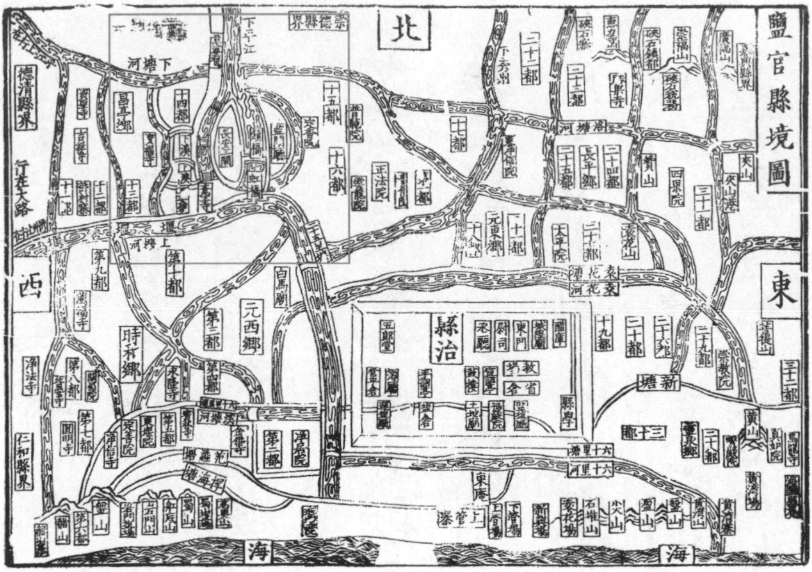

• 南宋《咸淳临安志》中《盐官县境图》所见的长安三闸。

去往上河。船过长安的情形如下：

（熙宁六年五月）十九日辛酉，……今日未时，左右辘轳，牛合十四头，曳越长安堰了，盐官驿内也。

与前不同，从下河往上河的航行，采取“翻坝”的形式。“左右辘轳，牛合十四头，曳越长安堰了”，即左右各七头牛，转动辘轳，牵引船只，翻越长安坝。自下往上的航程，“过闸”的方式可能较难实施，故而翻坝。

这说明长安闸与长安坝，在北宋后期同时并存，分别用于“自上而下”与“自下而上”的航程。

与堰坝相比，多重闸门组成的“复闸”系统，代表了古代最高科技

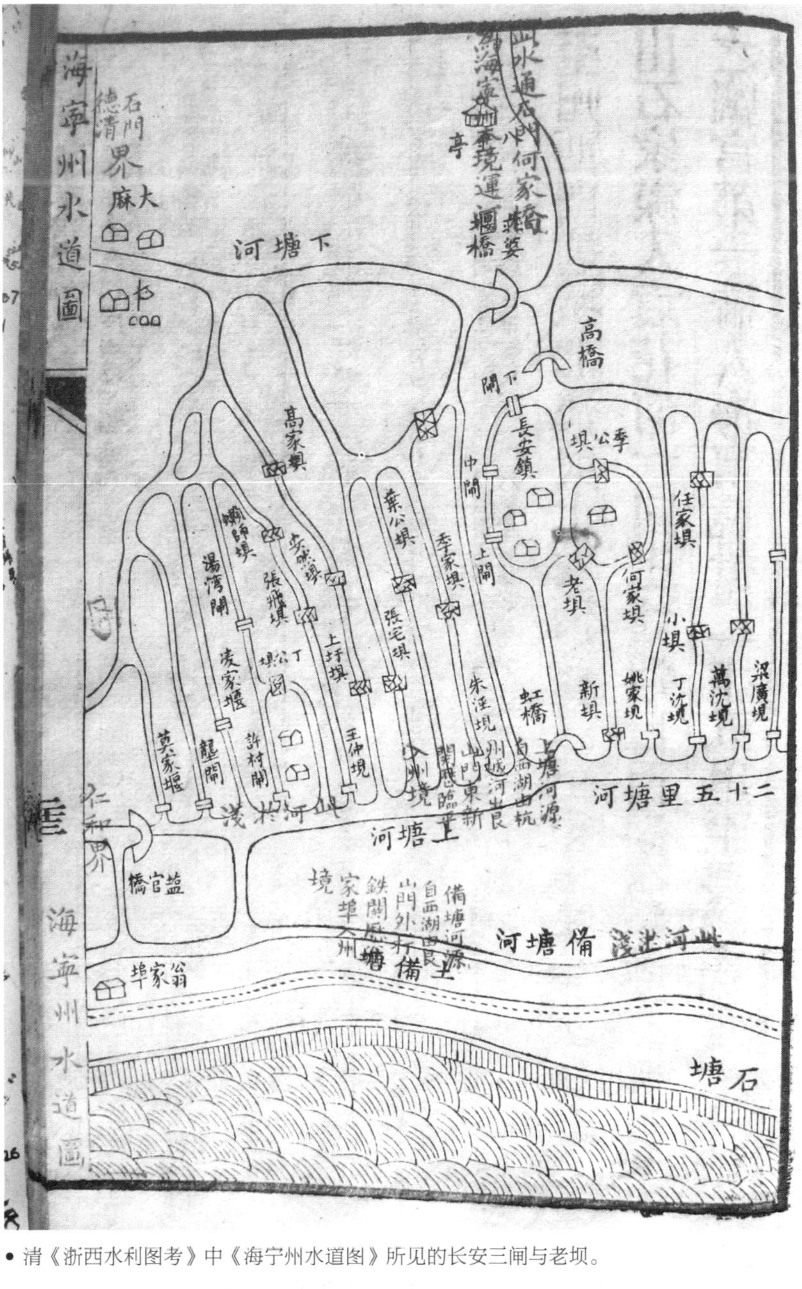

• 清《浙西水利图考》中《海宁州水道图》所见的长安三闸与老坝。

水准的内河通航技术。长安闸，是由上、中、下三闸组成的复闸系统。据南宋《咸淳临安志》记载，北宋崇宁二年（1103），长安三闸设有两澳，即上澳与下澳。上澳，位于上闸与中闸之间，下澳位于中闸与下闸之间，“水多则蓄于两澳，旱则决以注闸”，其实就是两个为闸室输水、蓄水的大水柜——三闸在过船时耗水量很大，而上塘河水量不足，“两澳”可以达到上游水量循环利用的工程目的。当然，澳闸系统在运营上很复杂，成本也高，宋代为确保长安闸运行，曾设有数目众多的闸吏、闸兵。

或问，这不就是读书嘛，书，关起门来也能读，又与田野考古何干？

那我要说：“不！如果没有田野考古调查发掘的经历，《参天台五台山记》的记述，我们未必会注意，也未必能真正读懂，即使能懂，可能也无法真正揭示其独特的价值。”

六

古人有过许多伟大的发明创造，如今只保留在古籍中，这是纸面上的历史。如果古人的发明创造，能以“文物”的形式保存到今天，这才是更有生命、有温度的历史。两者有差别，好比说北京故宫是“世界文化遗产”，那是因为故宫建筑本体尚存。我们不能拿书本去“申遗”，说，按照古书的记载，紫禁城灿烂之极、巍峨之极，可惜今天不见了。

就是这个道理，成寻笔下的“长安三闸”，今日遗址犹存，实物昭昭可鉴。

我在长安，发掘了中闸遗址。中闸两侧的石闸槽柱，保留在原址，未经后世扰乱。经测量，闸门宽度为6.9米，这是评估古代运河通航能

• 民国时期江南运河上的翻坝情景。

力的重要数据。

我们又发掘了下闸遗址，解剖揭示了闸门的砌筑工艺，根据从地层内获取的遗物判断，下闸与中闸遗址均为宋代文物，这是认识宋代江南运河船闸砌筑工艺的第一手资料。这也说明，长安闸及其所在的河道，与两宋时期并无根本性的改变。

以考古实证的方式，坐实《参天台五台山记》的记载，只是考古成果的一个方面。

七

同时，我们也发掘了长安坝遗址，也就是前头提到的人力、畜力牵引船只翻坝的遗址。吾乡台州明代大旅行家王士性《广志绎》载："宁、绍之间，地高下偏颇，水陡不成河。昔人筑三数坝蓄之，每坝高五六尺，舟过者俱系絙于尾，榜人以机轮曳而上下之。过乾石以度，亦他处所无也。"王士性所指正是这种堰坝，但他又说此为"他处所无"，其实在江南、浙东运河上常见类似的堰坝，明代朝鲜人崔溥的江南游记《漂海录》也有类似的过坝记载。或许台州、温州罕见这类船坝，吾乡伟大的旅行家王士性尚且如此"少见多怪"，也就怪不得我在文章开头所描述面对《中华人民共和国地图》时的一惊一乍。

许多堰坝曾经长期沿用，比如长安坝、杭州德胜坝，均曾沿用到20世纪70年代。据老人回忆——德胜坝用以隔断南北河道的水位差，船只抵此，依靠人力牵引翻坝。在旧社会，有些刁顽的坝夫，也就是吃"坝头饭"的，故意敲诈过往船只，把人家的船只搁在坝顶，一哄而散。船主只好求爹拜娘，又加钱又赔说好话，坝夫才肯帮忙将它拖过坝。今天的长安坝头，立有清光绪八年（1882）《新老两坝永禁需索碑》，明确规定船只过坝的收费标准，严禁坝夫的敲诈勒索行为，是认识古代堰坝管理制度的好文物。

因为历史上的河道变更，我们发掘的长安坝已非宋代坝址。但是，根据田野调查，足以证明宋代的长安闸与长安坝，处于两条不同的并列河道上。

对考古工作者而言，田野才是真正的舞台。来自田野的知识，具有化腐朽为神奇的力量，将赋予成寻《参天台五台山记》的文字以格外的光彩。

• 宋代长安三闸的“中闸“遗址。

• 下闸遗址的北侧石闸槽。

八

最后，让我们深呼吸，闭上眼睛，想象……

两宋时期，江南运河，长安道上，大小船只，鱼贯而来，鱼贯而往。

从杭州去嘉兴的航程，即自上河往下河的航运，船只穿越长安时，采取闸门次第启闭的“过闸”形式，这原理有点类似于今天的长江三峡大坝。到过三峡旅游的朋友知道，大船需要通过多级闸室的逐级升降，翻越大坝。今天的高科技，宋朝人也懂。

从嘉兴来杭州的航程，即自下河往上河的航运，船只穿越长安，采用以畜力或人力转动辘轳、牵引船只，翻越坝顶。这是近代运河人家熟悉的景象。

上、下悬河之间的通航，是古代运河航运的关键技术。南来北往的船只，在长安一地，分别采用过闸与翻坝两种完全不同的航运技术。而两种不同的技术，又分别在两条不同的并列水道上，以“分航道”的形式实现。

这是怎样引人入胜的情景，又是怎样匠心独运的创造呵！而这伟大的古代发明创造，在江南运河的长安古镇，以实物形式存留至今。

玉环文旦

吾乡玉环，是浙南的海岛。除去海鲜鱼鲞，最著名的土产，当数“玉环文旦”。

文旦，即柚子，《辞海》释义“柚，又名文旦”。吾乡方言也称作“栾”，大有古风。《本草纲目·果部》：“柚，其大者谓之朱栾，亦取团栾之象。”团栾，也就是团圆，寓意吉祥。

柚子很常见，金华的“香泡”，常山的“胡柚”，名虽不同，实皆柚子之属。据我的游历见闻，浙江境内称柚子为文旦者，似乎唯独在玉环及其邻近地区。

1991年，我游学福建厦门，见当地有种柚子，体量较吾乡所见偏小，口味偏酸涩，竟也僭称文旦，愤愤不平。后来知道，文旦是闽南的传统土产，以漳州平和县所出者尤为著名。而玉环文旦，实非浙南土物，乃清末自闽南引种而来，因了玉环岛的好风土，特别适宜文旦生长，果大味甜，遂后来居上，成为吾乡名产。

• 文旦，是浙江玉环的著名土产。

我有资格说这番话。想当年，在厦门尝过平和文旦，也见过别的闽南文旦，无论品相，抑或口感，皆不及吾乡文旦。我不是高唱“谁不说俺家乡好”的人，恳请朋友们接受我的鉴定意见。

应该向闽南人民道歉的是，“文旦”之名为闽南固有，绝非人家僭越，实为吾乡借用，引种之初，名实与俱，移植玉环而来。我当年在厦门初见文旦时的愤懑，纯属大惊小怪，毫无来由。

文旦自闽南移植玉环的历史并不久远，距今不过一百来年。最初种植之地，在玉环县龙岩乡（今属龙溪乡）山外张村；换句话说，山外张就是玉环文旦的“始祖地”。

山外张，也是我外公韩玉梁的老家。今年春节，我到舅舅家拜年，见几株文旦树旁，置一丰碑。碑阳镌刻“文旦始祖地”五个篆字；碑阴文字，简述文旦移植玉环始末，录文如下：

• 当地政府设立的《文旦始祖地》碑，位于村民的院子里。

清光绪年间（1875），山外张韩姬宗经廷试以候补知县签分江西广信府兴安县（作者按：今江西上饶市横峰县），同年携妻清港芳杜李氏由江西返乡省亲，途经安徽九华山朝山进香。偶遇福建信女，分食其供佛后的福建文旦。因其味鲜质脆，清甜爽口，李氏遂留种子带回山外张播种，成活数株，分植于韩家大院，经荷锄细耕，遂成果园。因水土适宜，口味比原生果更佳，韩家常以文旦待客。后由亲戚乡邻引种，与土栾、玉橙等嫁接选育，代代繁衍，品种渐臻优良，遂成柚类珍品。

玉环文旦，1985年参评并获“全国优质农产品”，更名为玉环柚。后韩家大院年久失修，文旦祖园亦因年岁过高而渐次枯死。此地为玉环文旦祖园原址，经政府挖掘整理，并回栽第二代文旦树，欲重现当年盛景。乃修此碑以记之。

中共龙溪乡委员会

龙溪乡人民政府

公元二〇一〇年九月

这是出自当地政府的碑传，想必为本地人普遍认可的权威说法。文旦如今蔚为名产，其引种经过是玉环乡土历史上的一件大事。前些年，玉环楚门镇上新建的湖滨公园，主题浮雕题材也是韩姬宗与玉环文旦的故事。

我是有“考据癖”的，见了文字合不上眼。堂皇言之，这也算“科学精神”的一种。何为科学精神？“未经调查研究，绝不盲从”之谓也，何况韩姬宗是家母的高祖父。

山外张是最初引种文旦的地方，这在玉环并无争议。据我大舅舅韩伟（温岭市文化局退休干部，82 岁）回忆，文旦系其太祖父韩姬宗于“光绪初年”携回家乡山外张播种，当时存活十三棵，故事本末，略如碑述。民国时期，经过繁衍生息，文旦种植已有相当规模。韩家老屋后山的三亩文旦园，称“上园”，老屋左右称“中园”，老屋前方的数十株称“下园”。我外公韩玉梁未去台湾之前，每逢果子长成，挑选果形正、分量重的，用一“厦门文旦”的木刻印章，郑重加印，分赠友人（韩伟《玉环文旦史话》，见《玉环文史资料》第 17 辑）。

类似说法也见于 1949 年编修的《楚门韩氏宗谱》卷首《韩君玉梁事略》（该谱系韩玉梁先生主笔编修，今藏山外张韩氏族人手中），韩玉梁毕业于上海法学院法学系，抗战时期，乡居山外张期间，“对静坐养生之道颇有心得，好园艺，均亲枝接栽植，家有文旦一种，已接植成园矣”。山外张的文旦种植，抗战期间已颇成规模，如果上述记载没有夸大之词，韩玉梁堪称文旦在玉环繁衍壮大的一大功臣。

最初成活的十三株文旦树，后来相继枯死，最后一株凋零于 1982 年。今天，文旦在玉环遍地生根，其最初的源头只在山外张。

韩姬宗引种文旦之事，未见当时明确的文献记载，只是韩氏族人的口耳相传，并为当地人周知。当然，此事去今不远，传说中的基本事实，大致可信。

然而，文旦究竟在何时传入玉环？这个问题却不容易回答。如《文旦始祖地碑》所述，张口便错，漏洞百出。

碑文首句“清光绪年间（1875），山外张韩姬宗经廷试以候补知县签分江西光信府兴安县”。光绪年号，自公元 1875 至 1908 年，沿用 30 多年，何以知文旦的传入就在光绪元年？

山外张村的韩姬宗墓，墓碑犹存，其文曰：“韩公姬宗，字祖镐，同治癸酉（1873）岁贡，光绪登级，征孝廉方正，廷试以知县签分江

• 在院子里，我还见到了韩姬宗同治癸酉年（1873）的岁贡旗杆石，倒在地上。

西，甄别老成练达，实堪补用。丙戌（1886）署理兴安县正堂。”墓碑正中“韩公寿域”的下方另有“同治戊辰年十二月吉旦 / 廪膳生号溥城韩公寿域暨 / 原配林氏、继配薛氏太孺人之墓 / 李氏太孺人寿域 / 男德懋、德召仝孙敬立”字样。这是同治七年（1868）为韩姬宗预造的寿坟。

查楚门《韩氏宗谱》卷首《敕授承德郎韩大令溥城姻翁老先生传》及世系表，韩姬宗生于道光十年（1831），卒于光绪二十八年（1902）。光绪元年（1875）应征孝廉方正，廷试以候补知县签分江西，历任赣州府总厘卡、淮盐总局提调督销吉安府盐卡、泰和县缉私盐卡、解饷、修堤等职。因为“办事精明，上游器重，特授广信府兴安县知县”。

韩姬宗何时莅任广信府兴安县知县？据傅钟麟撰文的《溥城韩公七旬寿序》，“乙未（光绪二十一年），握篆兴安，取士礼贤，兴利除弊，卓卓著有政声……迨丁酉（1897），解组归田，遂徜徉物外。”据此，韩姬宗“握篆兴安”，事在光绪二十一年（1895），则与《韩姬宗墓碑》“丙戌（1886）署理兴安县正堂”有出入。我认为，宗谱的记载是正确的，而墓碑有误，推测1902年韩姬宗下葬“寿坟”后，补立墓碑，一时失察，虽然这听上去有点匪夷所思。

江西兴安县，民国三年（1914）改名横峰县，查阅民国《横峰县志》，清同治十一年（1872）至光绪二十八年（1902）历任知县名录，有陈士钧、易光连……卜永春、王鸿、贺源清等人，未见韩姓知县。这是因为韩姬宗只是署理（代理）知县（推测因为云南楚雄人卜永春未能赴职，姑由韩氏代理），《横峰县志》失载也是合理的。

韩姬宗先后有四任妻妾，原配林氏，早卒于道光己酉（1849）；继配薛氏，卒于咸丰辛亥（1851）；三娶芳杜（今玉环清港镇芳杜）李氏，卒于光绪十二年（1886）。李氏殁后，韩姬宗宦游江西期间，又纳江西人徐氏为侧室，后随归乡里，徐氏生卒年失考。

清光绪六年（1880）成书的《玉环厅志》，是记玉环事最详细的方志。韩姬宗为《玉环厅志》分纂人，据卷首所列的结衔为“孝廉方正、江西候补知县、厅人韩姬宗”，未见“兴安知县”的署衔，足见光绪六年之前，韩姬宗尚未出任是职。

光绪《玉环厅志·人物志·选举·恩岁贡》载：“韩姬宗，字浦城，居山外张，同治十三年贡。”同书“荐举”条载，“韩姬宗，光绪纪元，浙江抚臣遵旨题保。”孝廉方正，是清代特设的制科，自雍正始，新帝嗣位，诏直省、府、州、县、卫各举孝廉方正，以备召用。定荐举后，送吏部考察，授以知县、候补知县及教职不等。光绪元年（1875），韩姬宗躬逢其时，以新鲜出炉的贡生身份，被荐举为“孝廉方正”。

清代入仕的正途，是以科考及第，“八股制艺”即其标志，所谓

“孝廉方正”模仿汉代的荐举制度，其入选标准关键在于巡抚、提督大人对其品行的评价，而非公平的考卷比试。由于缺乏客观判定的标准，孝廉方正的社会认同度偏低，通常为官场同僚所不屑。这点小功名，只够让韩姬宗浮沉于官场的基层。1895年的兴安知县之任，是其仕途生涯的顶峰。但是，这身份足以让他在玉环的乡下成为名重一方的乡绅，即楚门《韩氏宗谱》所谓韩氏家族为“世代簪缨，为邑之望族”。

如按碑文所述，文旦的传入在韩姬宗兴安知县任上，则其事必在1895年之后。然而碑文又将文旦传入玉环系于1875年，自相矛盾，可知二者必有一误。

又，《玉环厅志·物产·果之属》，记玉环的水果甚详，并无片语提及文旦，仅言“柚，俗呼为栾，有红白两种”，应为本地固有的土栾，而非自外地移植的文旦。

韩姬宗为厅志的分纂人，如果他已经引种文旦在前，理应会在志书中留下记录。旧时代方志的作者，习惯编录一些与本人关系密切的人事。然而，厅志无片言及之，只能证明1880年之前，玉环尚无文旦。

如果文旦确为韩姬宗在兴安知县任上传入（我的舅舅及山外张的老人均持此说），那么，携籽返乡的当非韩氏第三任妻子芳杜李氏，因为李氏已经去世。文旦引种的功臣，应是韩姬宗在江西所纳的小妾徐氏。

据温州文史学者沈克成先生编撰《温州历史年表》，将文旦传入玉环，系光绪二十三年（1897）。是年，韩姬宗结束宦游江西的生涯，偕侧室徐氏，返乡时，途经安徽九华山朝山进香，偶遇福建香客，将其供佛后的文旦种子，带回家乡。此说虽不知出处，但可能更加接近事实。

徐氏，随韩姬宗返乡，并老死于山外张。她高寿，20世纪50年代仍在世，人称“江西太婆”，卒后，依礼别葬，墓在今玉环县龙溪乡大密溪山上。儿时，家母常常提及江西太婆，如今想来，一个外地女子，

• 2013 年 4 月，为了查阅《韩氏宗谱》，我再次来到山外张村，并向村民询问文旦传入玉环史实。

• 保存在山外张的《韩氏宗谱》。我们对历史的了解程度，主要决定于史料的保存状况，而非年代的远近。

没有名分，没有子女，独在异乡为异客，真是可怜。

与年代的远近无关，若文献失传、实物无存，后人便无从知晓历史的真相，口碑传说充其量只能提供模糊的轮廓。韩姬宗携文旦返乡，或许只是一时的兴之所至，想还原历史的全部事实，也许只能寄希望于发现韩姬宗的日记或其自撰年谱。

遗憾的是，当年的韩家祠堂，曾经悬挂有“兴安正堂”“孝廉方正”等牌匾。土改时，牌匾、祖宗牌位随同大房子，付之一炬。至于年谱或日记之属，想必早已灰飞烟灭。

怀人记

这些人，那些事

这些年，我奔波于浙江各地，参加过各种考古调查、发掘，认识了许多人。每当我来到陌生的地方，无论生活安排，还是工作开展，总是离不开地方文物干部（包括临时工）、房东的配合与帮助，也离不开同事、考古技工、民工们的付出与劳动。我们在考古工地朝夕相处，他们是我真正的战友，也是能够传授我知识、丰富我人生阅历的师长。

在漫长而又短暂的工作生涯中，我们注定会遇到许多人，也会经历并遗忘许多事。但是，这些人，那些事，我至今记着，永远记得。

一　地方文物干部

如果不是高速公路建设，我不会到那地方去，也不会认识许老师。那是我第一次完全独立主持考古工地，新手上路，面对各色杂务，有些慌乱。

许老师来了，热情接待了我。他是当地文物部门的负责人，即将退休，帮着我租房子、雇民工、踏勘发掘现场。只要我能想到的，他总能办到。我的紧张，由此大消。

许老师熟悉当地文史、古迹，也很健谈。他对我说："你每到一个地方，阅读方志的习惯，很好，考古工作证经补史，更好。"一席话，给了我"吾道不孤"的温暖。

接下来的考古发掘，许老师每天都来，帮着做事，陪我聊天，只是从来不在考古工地过夜。下午收工前，他准时告辞，返回县城。据说，他爱人（我应该叫师母）不习惯一个人住。这个理由足够充分，我从不勉强他。

有一次，我见到一通晚清的石碑，仆于野外。碑文简单记录了当地某寺院的修建，年代也晚，但既然是文物，总要妥善处理。我把石碑搬到附近的大会堂里，许老师买来宣纸，拓片的时候，横竖不满意，不是嫌墨色太淡，就是嫌字迹不清晰。后来，我叫来一辆拖拉机，把石碑运到县城集中保护。

我只是随性做了一件小事，许老师却说了很多过誉的话，认为今天像我这样有情怀的年轻人太少见了。从此，许老师更加健谈，告诉我很多他的故事。

20 世纪 50 年代，他曾到山区扫盲，住在老乡家，生产劳作之余，教人识字记账。在他的回忆里，那是段快乐而充实的日子。

后来的几次运动，他吃了很多苦，还被关了几年。那时候，亲人与他划清界限，只有那几个“扫盲”时认识的乡下房东，每年带点土货来看他。我从来不问，当时到底发生了什么。

80 年代初，落实政策，许老师平反了。他不愿意再回到原来的工作岗位，于是就进了文物部门。用他的话说，像他这样新出土的古物，去跟古物打交道，很合适。

乡下房东依然走动，经常到县城来看许老师。但是师母是城里人，不喜热闹。他也就不把乡下朋友往家里带，通常只在外面坐坐，吃顿饭，叙叙旧。

许老师说话，我很少插嘴。只在这时候，才问了一句：“那些乡下朋友，现在可有联系？”

许老师沉默片刻，竟然泣不成声，说，他们都走了。

我像个犯错的孩子，默默站在他身后，拍着他的肩膀。

许老师终于平复下来，对我说：“对不起，只是与你聊得来。”

从此，我们再不聊那些事情。我只是觉得，一位长者能够在我面前落泪，就是缘分。

后来的事情，平淡无奇。我们结伴往乡下跑，寻古墓、看老房子、访摩崖碑刻。真是奇怪，就连一块三国两晋时期的墓砖砌在哪家的猪圈墙上，他也清楚。

工地结束，我回杭州。第二年，他退休。

后来，他到杭州，偶尔来我办公室坐坐。我送他一些我写的东西，许老师叹一口气："年轻有为啊，不像我，老了，什么也没留下。"

"这些乱七八糟的东西，反正没人看，'留下'倒是可能的，白纸黑字刚印出来，除去垃圾回收打成纸浆的，图书馆当成古物藏起来，那边铜墙铁壁，安保严密，大概可以传世了。"我说。

不料，他竟严肃起来："你说话老不正经，会吃亏的。"

我反问道："朋友间的聊天，难道不应该这样吗？"

许老师沉默不语。

在这沉默之中，我隐约看到了他曾经的苦难。

前些年，"第三次全国文物普查"期间，许老师被当地文物部门返聘为普查队员。我多次在各种场合听到，那里的文物普查，工作扎实，深受好评，尤其是许老师，不畏年高，不辞劳苦，真是个能做事的人。

我想，他可能从来就是这样的人。

二 临时工

浙江境内的县市博物馆，论收藏出土墓志的数量，大概很少有地方可以与临海市博物馆相比。

那是因为临海市博物馆有个临时工——丁伋先生。

我不曾见过丁先生。但是，读过他点校的《台州墓志集录》《临海墓志集录》，还有他的文集《堆沙集》。

《台州墓志集录》是20世纪80年代的"内部出版物"，录文、点校一丝不苟，只是印刷粗糙。搁在今天，可能是"非法出版物"，与海淫诲盗者同列。

《临海墓志集录》是正式出版的，著录临海境内2001年之前出土的古代墓志，绝无遗漏。丁先生做事，就是这样。

《堆沙集》是博物馆掏钱资助出版的，收录丁先生毕生研究台州地方文史的心得，从史事考证到地方戏曲，涉猎极广。他的学术研究，只凭兴趣所至，少有规划的痕迹，带点旧时代旧文人的“落伍”的习气。

但是人们说，在台州文史界，以丁公为翘楚。

过去我到临海工作，到博物馆考察宋代墓志，每次都是徐三见馆长接待。徐馆长是画家，近年以整理地方文献为务。

徐馆长说，我们到博物馆边上的东湖“碑廊”去转转吧，丁先生集录的墓志，镶嵌在那边，或许还能做点“拾遗补缺”的工作，顺道也看看丁先生。

天哪！我不曾想过，丁先生竟然蜗居在东湖边的破房子里，与游人如织的东湖公园仅一墙之隔。

丁先生今年83岁了，正坐在藤椅上，阅读刚改版的花花绿绿的《文史知识》。见我们来，起身，抽着“双叶”牌香烟。

“我给你介绍一个来自省城的小老乡，也是你的仰慕者。”徐馆长说。

丁先生憨厚地笑。我们握手，他的手很大。

丁先生，是个农民，毕生未娶。据说，20世纪50年代初，他曾经参加过工作，个性太强，被单位辞退了。他的个性，我偶有所闻，据说凡是他的定稿，绝不允许别人轻易动一字。

没了工作，待在乡下，整日读书，也不晓得读书是为了逃避，还是为了求知。“乡下秀才”看不上村姑，而村姑也未必看得上他。就这样，一辈子打了光棍。

他读他能够见到的所有古籍，订阅《文史哲》《历史研究》《文物》等。“文化大革命”开始后，无书可读，于是改读“医书”，当过几年的土郎中。

当年，徐三见馆长读书，每有疑惑，就跑到乡下请教他，大家也都渐渐知道了本地有个满腹经纶的农民丁先生。后来，丁先生成了博物馆的临时工。临时工，反正没有退休一说，一人吃饱，全家不饿，索性就寄居在博物馆的破房子里，整天就是读书、抄书、写东西。有人说，不晓得他在干什么。

丁先生有个亲戚在市里当领导，本有“转正”的机会，他也不跑，说，年纪大了，还折腾什么？

近年，各地都在创建“文化大市”“文化大县”。人们没想到，眼皮底下，竟有如此人物，这情景像极了考古学家标榜的重要发现。于是，纷纷拉他帮忙，做些文献整理、史实考证的事儿。年底，前来慰问，送几条香烟、几瓶烧酒、几床被子。全世界也找不到这么乐此不疲的廉价劳动力。

这时候，我想起了丁先生曾为一通墓志写过的跋语。墓志的主人，名叫李果，是台州临海县明代万历年间的才人，过着五柳先生一般的生活，处处碰壁，终于过早去世。在跋语中，丁先生称他“为人脱略，一片天机，他所憧憬的是一个纯真的学者、艺术家的生涯。因此生活有其充实的一面，只是忘记了人是社会的人，偏偏一不趋进，二不治生，把自己空悬起来，就难免为贫病所厄”。

丁先生的文字一贯节制，以叙述为主，这是罕见的议论、抒情段落。

与丁先生告别的时候，我说，下回一定再来拜访您。而当我别过身去，不由得一声叹息——那篇无人问津的明人墓志，何尝又不是他的夫子自道。

三　同事

蒋卫东先生，在浙江省文物考古研究所工作的时候，在我办公室隔壁的隔壁。他从事良渚文化的发掘与研究工作，我于史前考古毫无兴趣，在专业分际上，互不往来。

刚参加工作的前几年，我在报纸上写“古物”的文章，科普不像科普，文艺不像文艺。许多人不以为然，但蒋兄见了，给我许多鼓励。当时，蒋兄一头黑发，我参加工作不久。

新世纪初，蒋兄已然添了白发。有一次，他指着我说：“哇，70后，也有白发了。”我注意到自己的一头乌发，正有几根白发崭露头角。从此，我的白发如同野草，生生不息，除之不尽。

蒋卫东从事未有文字记载的史前考古工作，却有着广泛的阅读。

2001年，我做雷峰塔的文章，查阅的《十国春秋》，就在蒋兄处觅得。他说，这些书暂时用不到，你留着吧。于是这几本书，今天仍在我的书架上。

在我迷恋台湾学者严耕望的时候，对《治史三书》有一大通不吐不快的读后感想。一般来说，考古工作者不读这类书，蒋兄总是最好的倾吐对象，他不嫌我烦，甚至怂恿我大声说出来——我对给过我力量的人总是感激。当时，他的白发已然越来越多。2005年前后，蒋兄离开考古所，到良渚管理委员会“当官”。我们联系少了——简直全无联系。我甚至不知道，他在离开的刹那，是否有过挣扎。

又过一两年，我们偶然相遇，他的一头青丝全换了白发。我深有感慨，说：“老蒋，你这‘官’当得苦啊。”

蒋兄微笑不语。

我意犹未尽，继续发表一通不合时宜的评论，说，“官”又不是政治家，这么出色的读书种子，可惜了。蒋兄依然微笑不语。

后来，听说蒋兄忙着筹办良渚博物院，整天忙得不可开交，连读一册书本都坐不下来。

良渚博物院终于成立，蒋兄是院长。数易其稿的良渚文化展览，随之揭开面纱，一时好评如潮。我为他高兴。

有一年年初，我陪同韩国客人走进良渚博物院。

这是个精彩的史前文化博物馆。我敢打赌，若非有位长期从事田野考古、又有着广泛阅读的院长，博物馆的陈列做不到这种程度。在任何时候，我都愿意说，在国内，良渚博物院绝对是一流的考古学文化专题博物馆，无论硬件，或是软件。

我终于懂得蒋兄白发的意义：他一直在认真做事。一个人，有机会将学识、阅历奉献出来，以合适的载体表达出来，与更多人分享，难道不值得鼓励？

我为我的浅薄而抱歉。社会赋予蒋兄更大的平台、更重的职责。这些年，他总算不辱使命，只可惜了那头原本乌黑的头发。

今年国庆假期，我孩子所在小学的“第二课堂”活动，家长们纷纷垂询于我，何处才是理想去处。我毫无迟疑，选择良渚博物院。

我又走进博物院，原悬挂于正厅墙壁上的一幅大型油画，不见了踪影。

去年，我陪同韩国客人曾见过这幅画，画面中，一群衣衫褴褛的原始人过着茹毛饮血的生活——大众对“原始社会”的想象，通常如此。

我和朋友很有意见：良渚人的文明程度，不是我们现在可以根据片段材料能够完整复原的，将古人塑造得衣衫褴褛，非但唐突，更说明我们现代人的骄傲无知。当时，蒋兄在身旁，不住点头。

今番旧地重游，第一眼，我就看到，那幅画，不见了。这是田野考古出身的院长以实际行动展示的态度。

我带着孩子们走进博物院，来到询问台，问道：“蒋院长呢？”小姐起立，彬彬有礼：“国庆假期，今天不是院长值班。”

我想，看人家一头白发，算了吧，别打扰了。

最后申明：良渚博物院向社会免费开放，我的专业兴趣在宋元明时期，与良渚文化相差十万八千里。上述文字，并无任何讨好的动机，只是有感而发，因为在他身上，从他的经历中，我感受到力量。

四 考古技工

老李，是来自陕西扶风的考古技工，2004年以来，一直跟着我奔波在各个考古工地。

20世纪70年代，他在西藏的中印边陲当兵。复员后，他在老家玩了几年，在当地的毛巾厂当过保安。结婚后，老实住家。他家门口，曾经是先周、西周时期的政治、经济、文化中心。地不爱宝，经常有大城市里的考古队前来开展工作。于是，老李成功转型，成为一名考古技工。

考古技工，本是农民的一种：考古队来了，就是工地上的技术工人；考古队走了，就回老家种地。这些年，因为浙江的考古队支付的报酬较陕西的更高，于是，他们就跑来浙江讨生活。

他家有五亩地，灌溉不畅，只种小麦，最多再种一季玉米。俗话说“粮贱伤农”，那些年粮食不值钱，种地只是糊口，赚不了钱。

一亩地的苹果特产税是240元，辣椒特产税，按人头算，每人每年折合25元。除此，可能还有烤烟税、西瓜税。

老李坐下来，一盘算：不对啊，我种了小麦，就种不了苹果；种了苹果，就种不了辣椒。至于烤烟、西瓜，几百年来，就不曾在我家地上长过。

老李向有司如实反映情况，有司说：“老李，你是军人，要服从大局。”

怎么办？老李不种地了，就往外头跑。从此，地上只长野草。很好，野草不征税。

有司体察民情，既然田地荒着，那么，苹果、辣椒、西瓜、烤烟等税，能减则减，能免则免，罢罢罢，酌情收一些。老李说，从此农业税，加上计划生育费、民兵训练费、普及九年义务教育费，每人每年1000元左右。

老李在外头跑，这笔钱尽管不愿意交，但勉强能应付。不出门的人，一年也挣不到几个钱，能赖则赖，能抗则抗，有匪徒出手打人，这也好办，关起来。

当然，这些是很多年前的事了。

老李说，现在好了，农业税没有了，杂七杂八的费用也取消了。自己55岁了，终于赶上了好时代，要管好这5亩地。

老李的说法与“专家”的腔调类似。专家说，中国历史5000年，哪个朝代种地不收租，只有今天不要钱，所以这就叫盛世。

我说：“老李啊，你以后发财了，可不能忘了浙江还有我这个穷朋友啊——那5亩地，可不得了，每年水稻种两季，每季4000斤；冬小麦、春小麦各种一季；苹果、烤烟、西瓜、大豆、玉米、高粱、苜蓿……又分别种一季。说不定可能在种植各类作物的同时，又被征用去建设高速公路，还能领到一笔巨额的土地赔偿金。总之，发财了。”

老李大骂：“妈的，这种算法，你，你，你，这是强盗的算法。”

我说：“妈的，你，你，你这是污蔑，这是统计学。我看新闻，据权威统计，我省人均收入已经突破七八千美元，最近没空看更新的数据报表，说不准，早就成功突破万元关口了。”

五　考古民工

这10多年，没啥新鲜，我一直在浙江从事田野考古发掘工作。我偶尔自认为挺喜欢考古工作的，当然，烦心事，也从未缺少过。

每逢新工地开张，到处找民工，讨价还价，吵吵闹闹，最是烦人。过去的农村活力尚存，田间地头还有劳作的农民，雇用农民工并不太难。而今农村凋敝，形势就不同了。

昨日夜深，我在考古工地，以收听电台自娱。有位女子向主持人诉苦，她说："其实我挺喜欢我男朋友的，但他有个毛病，初次约会时他吻我，我没拒绝，后来，他得寸进尺，竟至于动手动脚。唉，你说这种男人，我是该爱他呢，还是该离开？"广播里的主持人，快人快语："姑娘，别说了，你说的全是废话，问题在于你不够爱他。"

这个八卦，蕴藏着人生的大智慧——如果爱他就要接受他的全部。像我这么乐于自我反省的人，听完故事，我怀疑自己是否真如平常所标榜的那样热爱考古工作。

我首次独立领导考古队，是在2003年的嵊县乡下。考古的生产工具，与庄稼人类同——农业机械化、农业现代化，从长远来说，乃大势所趋，从短期看来，种地工具依然是锄头铁锹。抡锄头的活儿，原则上由工地附近的村民充任。

前来工地打短工的，男工每天25元，女工每天20元。按当时的标准，工资已不算高，但村民大多乐意来，尽管也要费点口舌。电视台的纪录片，很乐意这样描述考古工作，好像考古工作者，整天蹲着，手持小毛刷，照着古物看来看去、刷来刷去。在习惯干田地活的老农民看来，这种工作简直不算体力活。

我每至一地，也乐意这样说话："这活儿挺轻的，就像你在电视上看到的那样，每天看过来看过去，实在看不下去了，再动下锄头。"现代人上过太多回电视台的当，并不那么容易轻信。比方说，今年的暑期持续高温，他们就说："这么热的天，让我站在太阳底下，一动不动，这点钱，我也不愿干。"

是啊，如果他们付我每天25元，请我一动不动伫立太阳底下，我也不干。

这是打比方啦。随着经济发展形势大好，今日民工薪酬早已不是每日25元，就我的经验所及：2004年，民工日薪约30元；2005年前后约40元，男女同工同酬；然后，50元、60元、80元、90元……年复一年，水涨船高。有一年，我在浙南某地考古，每日180元也招不到人，勉强来了几个人，全是外省打工仔，本地人一个也无。

我从来都不反对涨价。杭州的房价，十年内翻了十倍不止。人力也不应该比房价低贱，翻个十来倍也能接受，我只是反对工资越涨，民工反而越不好找。

如今长居农村的人，40岁以下的青壮年已不可多得，就算有也不干农活，拿锄头的机会，与手持刀枪的概率相当。愿意来工地考古的，以五六十岁、六七十岁的男子为主，要不，就是赋闲在家的中老年妇女，这是考古队又名"三八六〇部队"的典故出处。当然，偶尔也有毛遂自荐的八十老叟，可万一有个三长两短，谁能负责？原则上，我绝不会接纳年过八旬的劳动力。

我为此苦恼。再过10年，等这一茬人过去，锄头就可以申报"世界文化遗产"了。就这点有效的劳动力，讨价还价时跑掉一批，看考古队自带被铺租住农家以为我们是江湖骗子，不愿甘心上当的再跑掉一批。最后，总算有少数无畏的勇士，以为反正闲着无事，终于答应给考古队干几天活儿再说。

谢天谢地，工地开张！人们前来观摩工作，看到考古的工作，果然有说有笑，团结紧张，严肃活泼。更怪的是，这些陌生人跑大老远，赔许多钱，小心挖地，专拣一些破破烂烂的陶瓷片，白送人也不要。对！光凭这一点，考古工作者就不像骗子。金杯银杯不如老百姓的口碑，渐渐地，更多的人前来打探，纷纷表示愿意加入保护历史文化遗产事业的队伍。终于有一天，我大声宣布："工地人数够了，不要了，等我们下一次再来这边考古，再说吧。"

其实这些年，我主要从事大范围流动作业的抢救性考古发掘，铁路、高速公路修建到哪里，我们就追随到哪里。打一枪换一炮，今年挖完了，铁路、公路通车了，谁还会再去老地方考古再挖一遍？根本就不会有下一次。

六　摆渡人

这个名叫蟾宫埠的小山村，位于飞云江中游。村庄内只有一条大路，始于远处的山脚，继而穿越村庄、鹅卵石滩，最终通到飞云江边。路的尽头是个渡口，泊有一条小木船，船头坐一位老人，抽着烟。

渡口，没有标识。每日清晨，老人习惯性地把小木船停靠在固定的地点，就成了渡口。江上没有桥，小木船就是横跨大江的桥梁。日复一日，老人守在江边，摆渡着南来北往的过客。

老人六十来岁，慈眉善目，中等个子，穿着整洁，尤其是一口整齐的好牙齿，在本地的农村人中极其罕见。

这一切简直无法让人相信他竟是个聋哑人。据说，儿时发烧，用错了药，从此双耳失聪，当时他还没来得及学会说话。每每见着客人过来，老人起身，面带微笑，挥舞双手。我不懂复杂的手语，但总能见到他的微笑。

大江对岸，有宋元时期的龙泉窑类型窑址。因为珊溪水库建设，山村和窑址都将要被淹没。为了抢救发掘可怜的古窑址，我们的考古队需要每天渡河。早晨出发，中午回来，午后再出发，傍晚再回来，如此江上往来，一天要搭四趟船。于是，我总能见到他的微笑，还有那满口洁白的好牙。

我们跳上渡船。老人操桨，轻轻一拨，船儿飞也似的朝对岸奔去。

木船有点破旧，江水从船底板下渗漏进来，老人笑了，这是宽慰我们不必担心；船至江心，疾风刮过，船大晃，老人笑了，告诉我们不必惊慌；我们偶尔夺过木桨，越俎代庖，船儿只在江心打转，老人笑了，伸出小指头，笑话我们无能；老人拿回桨去，船儿再次飞也似的朝对岸奔去，我们竖起大拇指，老人又笑了，摆摆手，表示他很谦虚。

老人总是微笑，很开心的样子。偏远的山村，年轻人都出门打工了，真不晓得有什么可开心的。

老人又聋又哑，一辈子打光棍；他没有娱乐，村里倒有爿小店，常有打麻将度日的人，我也从未在那里见过他。

摆渡这活儿，是当地对聋哑人的照顾，挣钱不多。乡里每月支付百八十块钱，村里再凑点口粮，就是他的固定收入。本地人渡河，一律不收钱，像我这样的外地人，每人每次收费五毛钱。当然，在这个地方，外地人是极少的。

他欢迎我们的到来，一方面是有人陪他说话——严格说来，是陪他微笑；另一方面，我们给他带去了一笔可观的“外快”，六人过河，每趟收费三元，一日往返四趟。实际中，当然也没有必要这样算钱，我们把他视为考古队中的一员，按照参加考古发掘的民工标准，逐日计酬，这只会让他赚到更多。

我可以确信，老人的微笑发自内心，绝非因为“外快”的缘故。后来，野外作业结束，我们不再每日渡江，也不必付他工钱。天气渐渐冷了，我见他独守江边，烤一堆火，抱成一团。然而，一有客人来，无论本地人外地人，他立马起身，容光焕发，满脸堆笑，转眼好像换了个人。

老人的快乐，是因为这条相依为命的小木船，还有脚下的这块土地。他 18 岁起开始摆渡，40 多年风雨无阻。摆渡，给了他服务乡亲的机会，赢得乡亲的认同，也给了他体面的生活。

真正的幸福，也许就这么简单。西哲有云：幸福的本质，就是欲望的暂时满足。如果老人的欲望，就是守在家乡跟他的小木船朝夕相从，那么我确信，当年的他应该就是幸福的。

我的猜测是对的。离开山村前夕，我们到江边与他道别，老人用手指在飞云江中蘸了一点江水，在船板上写下大大的两个字——永嘉。这是告诉我们，山村淹没后，他将迁往永嘉，乡亲们散伙了，小木船也带不走了。我看到他伤心的模样只有这一次，茫然无助的眼神，真的会说话。

匆匆一生经过多少容颜，有许多人在我们的生命中走过，一掉头就忘了。但我至今记得摆渡的老人。在那个偏远的地方，他曾经幸福地生活，所以，我更加有理由做一个幸福的人。

10 多年过去了，山村早已沉没水底。今天的夜里，我又想起了他，不知他身在异乡，脸上是否依然常带微笑，也不知是否依然有人愿意陪着他微笑。

七　房东

考古队在乡下，租住农民家，每到一个新地方，就换一家新房东。通常，女房东给我们做饭，男房东在我们的考古工地帮忙。

我在龙游时的女房东，是个热心人，非但帮着做饭，连脏衣服也帮着洗了。小时候，她的父亲去世了，因为癌症。后来，她有了继父，是个上门的外乡人。

几年前，她的继父也去世了，还是癌症。她的母亲很伤心，从此，老太太不愿意单独在家待着，怕自己也得癌症，更怕空荡荡的房间闹鬼。

老太太在子女家轮流住。这段时间，住在我房东家。我见她衣着整洁、言行得体，一点也看不出她曾经遭受的苦难。

只是，她畏惧鬼神，在这个村庄并不多见，这说明，苦难曾经如何折磨着她的心灵。

与浙南山区、沿海地区祠宇林立的情形不同，这村庄除了村口的基督教堂，便无任何庙宇。个别人家，最多只在节庆时节，办桌饭菜，焚几炷香，仪式远较吾乡简化。

多数人家连仪式也免了，有的因为信奉基督教，有的则毫无理由，就像我们城里人，不分青红皂白，繁文缛节通通省略。

考古发掘，不免挖古墓，在某些地方，颇多忌讳。2004 年，我在桐庐富春江镇发掘宋墓。男房东，姓吴，在工地干活，从来不敢下墓坑，出土的古物，他也不碰。

而在龙游这边，很少出现这种情况，个个都是考古发掘的好手。他们只怕歇着，没有钱挣，比如，我的男房东。

我问其故。男房东答曰：不知道，我们从来这么生活。

我猜想，大概是这地方交通便捷，人们见世面多，也或许是历次的移风易俗，深得人心。然而，我的猜测也有可能完全不对，因为很多比这边更加热闹的农村，情形正好相反。

我始终猜不透其中的道理。或许他们本来就跟我们一样，天不怕，地不怕，无所畏惧，无须理由。

村口的基督教堂，每逢礼拜天，倒是聚集着本村的老人，多半因为身体不好，舍不得花钱，村庄中既然无本土菩萨，只好求助“洋菩萨”——龙游女房东的母亲，终于决定了，礼拜天也要上教堂。

当年，我在桐庐时的女房东（已忘其姓名）是个虔诚的教徒。平常给我们做饭，礼拜天一定出门，临时请人代工。她识字不多，却手不释卷——《圣经》，时常哼唱圣赞礼歌。一有空，就教我唱歌，并耐心讲解。据说，这可使她功德无量。

她原本并不信教。她有两个儿子，大儿子身体不好，小儿子聪明能干，是家庭的希望。20 世纪 90 年代初有“车匪路霸”的说法，她的小儿子鬼迷心窍，在公路上拦路打劫，受到了法律严惩。

这起事件，伤害了无辜的卡车司机，也摧毁了一个母亲的幸福。自从信奉上帝，桐庐房东的心态平和了许多，只是偶尔聊起往事，仍不住落泪。

她是个好心人，我想念她。

我两家房东的故事，很平实很通俗。儿时在乡下，村庄中也有人家信奉基督教。小孩子乱讲话，说，信教的有礼拜天，还可以唱歌，真好玩。我爷爷听了，总要操起拐杖打过来，高声呵斥：“祖宗都不要了，好什么好！”

现在，我懂事了。当年信奉基督教的乡亲，一定经历过巨大的苦难，求遍了本土菩萨，走投无路，才从了“洋菩萨”。

我爷爷如果还在世的话，今年 108 岁。

最后的美德

考古队租住农家，一般由房东给我们做饭，如果房东家人口不多，大家索性就一张桌子用餐。我来到温州的这个村庄，初来乍到，胃口不好，一是需要时间适应不同人家的饮食习惯，二是因为房东的父亲，当时 88 岁了，每次都坐在我的对面吃饭。

减肥并不难，只要你愿意跟陌生的老人一起用餐。他已经很老了，牙齿掉光了，吃饭时，嘴巴一瘪一瘪，发出奇怪的声音，口水常常不由自主地流下来，流到嘴角，流进饭碗里……我感激我的房东，他愿意收留陌生人，把房子租给考古队。但我必须承认，我不喜欢老人，我偶尔想到自己将来年华老去后风烛残年的模样，也会感到恐惧。

据房东说，自从去年，他母亲去世后，老人一夕之间，老了很多。人越老，身体越坏，越来越怕死，老人最近闹到了一个人不愿意睡觉的地步，担心自己睡去后醒不过来。身体稍有不舒服，就吵着去医院，稍有怠慢，就骂做子女的不孝顺。房东是个孝子，今年春节后，决定放弃在海宁的皮革生意，居家专心服侍老父亲。

我刚来到的时候，老人的饭量不比我小，嘴巴一瘪一瘪的，能吃两碗饭，就在几天前，我还见他独自坐在门口晒太阳呢。

某个深夜，老人突感身体不适，胃疼。若搁在去年，他肯定吵着闹着去医院，甚至高喊救命。但这一次，他闷声不吭，竟然说，“别糟蹋钱了，我不去医院。”

房东预感大势不妙。果然，次日下午三点钟，老人寿终正寝。据说，老人临终时，神志清晰，能够认出在床头聚集的每一位亲人。——当然，我不曾亲见，当时我正在村庄附近的山坡上发掘北宋时期的瓷窑址，忽闻房东家传来哭喊声，时断时续，此起彼伏，我才知道是老人走了。

很快，老人的亲戚好友，纷纷从各地赶来吊唁。灵堂也设好了，道士和尚，济济一堂。自即日起，梵呗之声，响彻通宵。据说，佛事和法事要连续办上七天七夜。

在我的田野考古工作生涯中，从未有过类似的经历，颇为尴尬。于是，给房东包了几百元的慰问金，准备给考古工地放一个星期的假，等房东家办完丧事再说。

房东宽慰道："别，别，老人高寿，又走得安详，你当什么都没发生，只管安心工作就是了。"按当地风俗，这是"喜丧"，视同喜事。事实正如此，除了老人断气、入殓时例行公事的哭声，再也未见到房东哭泣。我本来想在房东面前努力让自己表现得悲伤一点，后来发现并无必要。

但丧事打乱了我的工作和生活节奏。第二天开始，房东家办起几十桌宴席，迎来送往，高朋满座。跟佛事一样，酒席也要持续好多天。房东对我说："你放松点，别客气，尽管吃，尽管喝。"我看大家都高高兴兴的，又吃又喝，谈笑的谈笑，划拳的划拳，毫无包袱。于是，我真的放松下来，只当参加一个盛大的派对。

几十张宴席，十几桌麻将，饮酒到深夜，赌钱至清晨，人们脸上挂着亢奋的神色，连续数日，众声喧哗。逝者的丧礼，彻底转变为生者的狂欢。

人们认定这是喜事——八旬老者，无疾而终；弥留之际，子孙环聚；丧事热闹，有声有色，足证子孝孙贤。人生的好福气，罕有过于此者。

此情此景，我并不陌生。我读过很多宋人墓志，作为人生的盖棺论定，墓志通常以最多的篇幅，描述志主的美德——格物、致知、正心、诚意、修身、齐家、治国、平天下。然而，再完美的人生，归宿依然是死亡。人生最后的美德，是围绕死亡书写的。

墓志描绘的死亡"意象"，通常如此：首先，他应该寿终正寝，横死之人，哪有福气可言。其次，他应该无疾而终，或"遽得微恙而逝”，也就是无伤大雅的急性小病，万一不幸身染重症，则需参透生死，视死如归，拒绝医药的帮助，所谓“生死由命，药复何为”，总之，他应该爽快死去，不为子孙拖累。临终之际，神志要清晰，吩咐后事，丝毫不爽，最好还能说出一套勉励子孙修身齐家、光大门楣的话语。无论如何，生活要自理，临终前夕，已能预知生死，自觉换上干净体面的衣裳，正襟危坐，待子孙发现的时候，已经安然仙去，宁静的神情，就像睡着了一样。

这就是宋人墓志描绘的“善终”愿景，也是古人留给世界的“最后的美德”。对照之下，我家房东父亲之死，堪称善终。大家以为这是值得庆祝的节日，非但无可厚非，简直大有古风。唯一美中不足的是，丧事大操大办，殊非圣人之道，“古之君子”教训子孙丧葬务必恪守家法，切勿铺张浪费、僭越逾礼，至于用僧侣超度、道士做法事，则是“惑于异端”，等而下之，不足道矣。这是古人对“完人”、对圣贤的要求。我家房东父亲是个农民，生前不读圣贤书，他最后的美德，已足以让世人艳羡，无论德行，抑或福气，绝不在多数古人之下。

是的，大家都说老人有福气，大家都说这是喜事，我们别管那么多，只要吃好喝好玩好工作好就行了。所以，我的考古工地终于没有放假，照常每日上工下工。七天后，老人的骨灰入土为安，人群散去，村庄里一切照旧，仿佛什么都不曾发生。

去者

在我的求学和工作生涯中，有过很多的师长，有的曾经亲炙其教，有的则从未谋面，只是读过他们的著作而已。然而，他们的言传身教，指引我走过一些崎岖的路，只是还没来得及等我说出一声谢谢，曾经照亮我前路的师长就已经转身走远了。

“去者日以疏，来者日以亲。”往生之人，随岁月流逝，渐行渐远，留给后人的印象逐渐模糊、空虚，至于幻灭。人生如寄，从出生之日起，我们就注定开始踏上归途，走向那片寂静的领域，走向永恒的被人遗忘的深渊。我在这里写下的文字，绝非不自量力企图对抗宿命，而是提醒自己必须记住他们——那些曾经温暖过并赐予我力量的人——在有生之年。

一　吴孙权老师

2007 年元月的一天，我正在三亚的沙滩上。手机响了，是大学同窗的电话，说，吴孙权老师于昨日去世，白血病，明天告别。

我不知说什么好，遂与同学商议，联名送个花圈。然后，什么也没做。

从此我就想说点什么，当作个人对吴老师的纪念，却又不知从何说起。今天终于坐在电脑跟前，往事历历，几度热泪盈眶。

1991 年，我进入厦门大学历史系考古专业学习。吴老师教我们考古绘图、摄影、古书画、古文字等，都是些与专业相关的非主流课程。

很多年过去了，我从不提及，我曾经是书法爱好者。大学期间，可能还当过“厦门大学书画研究会”的副会长或秘书长，连头衔也终于记不清。

现在，我偶尔当众写几个字。朋友见了，问，看你写字，好像练过似的。通常我只会说，哪里哪里。今天我承认，大学四年练过书法，只是右手的天赋不够，动辄将“书法”挂在嘴边，有辱师门。

• 吴孙权先生（1947—2007），厦门著名书法家。1991 年我甫入大学，吴老师是厦门大学人类学系考古专业的讲师。1994 年，人类学系撤销，吴老师遂为历史系考古专业的教师。

吴孙权老师是厦门著名的书法家，这么说，不会有任何争议。在我心目中，国内“五体俱精”的书家不多，他是一个。也许朋友会说，为何他的名气不够大？那么，我只能说，假如有缘见识他的作品，我们会在内心认同的。

吴老师，中等个子，微微发福，说话不徐不疾，做事慢条斯理。他坐下来工作、写字的时候，总爱喘粗气，像是深呼吸。

大学一年级，吴老师尚未给我们开课，大家从未在系里、宿舍楼里遇着他。他不苟言笑，从来不与学生打成一片。

因为书法的缘故，我偶尔会往他家里跑，请教问题——其实也没有什么像样的问题，只是看他写字。我们还邀请他给全校的书法爱好者作讲座。

在人类学博物馆对面的公共教室里，吴老师开讲了：如何欣赏中国书法。他说“篆书是图画美，隶书是建筑美，草书是音乐美”，至于行书、楷书是什么美，我已经忘了。他说，音乐是最高境界的艺术，高明的书法就是音乐，他沉浸在各种艺术门类的“通感”想象中，偶尔闭上眼睛，好像陶醉于音乐世界——为了这次讲座，他准备了一个多星期，分文未取。

在吴老师家里，除了聊天，就是看他写字。我们看一幅书法作品，很难穷尽其中的妙处，只有亲眼见到他写字，才能领略其中妙处。什么时候该快一点，什么时候该慢一点，什么时候该重一点，什么时候又该提得笔起。毛笔，仿佛卡拉扬手中的指挥棒，满纸烟云犹如一个个坠落的音符。

偶尔他会让我写字。我不够自信，他站在边上，不多说话，只是微笑，这是一种鼓励的表情。

后来，我跟吴老师更熟悉了，问他为何微笑。他拗不过，只好说，这是“才气字”，没下过功夫，或者，说得比这更加委婉一些。

吴老师是个“望之俨然，即之也温”的人。

大学三年级，因为三峡水库的建设，我们在四川万县考古实习，抢救即将被淹没的古物遗迹，工作地点经常变换。

我们在长江边等待轮渡，时间稍久，不免抱怨。这时候，吴老师总是独坐江边，掏出速写本，描画着眼前的一切。人们好奇，围拢过来，像是观看稀奇的怪物，他也不以为意，依旧在速写本上不停地画。

我在遗址中挖出了一些箭镞，照例要考古绘图。我的绘画，胆大心粗，三下两下，交差完事。吴老师看过，不说话，只将图纸拿过去，在我的图样边上，全部重画一遍。最后，还给我，这时候才开始说话：我们应该更耐心点，我们的商品处处不及日本人的精细，不是我们不聪明，是因为太粗心。

吴老师睡觉，鼾声如雷鸣。凡是我与他同处的时候，他总说：你先睡吧，否则等我躺下，你就别想睡了。

吴老师从不发脾气。在万县武陵镇瓦屋村，忘了是什么因由，他说起了他的“红卫兵”经历，当年他是个热血青年，参加厦门地方的武斗，亲眼见到中弹身亡的“战友”，精神深受打击，自从接触到古人的书法，才渐渐宁静下来。

瓦屋时的房东，伙食办得不够好，同学们有意见，怀疑房东贪小便宜，让我向吴老师反映。我去说了，情绪激昂。吴老师说：知道了，我会跟她说的。

几天后，我老调重弹，情绪更加激昂。你猜吴老师怎么说，他说：我与她说过了，你不当家不知柴米贵，老百姓给我们住、给我们吃，赚点钱也是应该的，他们整天从来一碗面条，碗里除了辣子，什么也没有，你的这点豪情，用来对付老百姓，算什么男子汉？

我见他金刚怒目的样子，只有这一次。

吴老师于日常生活不拘小节、随遇而安。任何一张床，躺下就能睡着，无聊的时候，他用一根小木枝或者手指头，在地上、衣服上比比画画，也能将日子在趣味中打发。

吴老师是个神奇而朴素的人。

从四川返校后，我与吴老师的联系，更加紧密。他给我们上古文字课，教材是他亲定的，以娟秀的小楷写来，油印而成。

他的课堂，一板一眼，既不添油加醋，也不偷工减料。他备课的认真，我举个后来听说的例子：2000 年前后，系里让他教中国陶瓷史，他自觉素不研习古陶瓷，担心误人子弟，耗巨资自费购置相关书籍，大凡稍重要的书籍、图录，几无遗漏者。

我当时想，何苦呢，上课教书，又不是做学问，随便找一本《中国陶瓷史》添油加醋，还不容易。但是，他绝不会有这种想法。

吴老师的粉笔板书，是所有老师中最严谨的。但我总觉得，他的板书远不及他的书法作品好。我说出内心的想法，他不以为忤逆，照例不徐不疾地说："是的，我的粉笔字不好，使不惯，怎么练习也无法改进。"

吴老师是闽南人，说话偶尔有点腔调，整体而言，普通话算是上好。有次上课，大概遇到金文中有个类似"臀部"的字形，便将"臀"字写在黑板上，却将"臀"念作"dian"。同学们哄堂大笑，他只是莫名其妙。有同学当场纠正，"这字念 tun。"他虽然有点难为情，依然坦承，"是吗？谢谢同学的纠正。"

这不奇怪。过去，我从来将"轮船"念为"轮全"，到了厦门后，发现同学们居然听不懂，才知道自己念错了。

在我们毕业前夕，吴老师上中国书画课。大家开始忙着找工作，爱去不去的，即便坐在教室里，也是心不在焉。面对三三两两的学生，他从不表现出意兴阑珊的样子。

大家都说吴老师脾气好。他说，学生找工作，是头等大事，听不听课，倒也无妨。

吴老师，是个认真而坦然的人。

最后一学期，照例要做毕业论文。大家都无实际工作经验，所谓论文，只是抄书，看谁抄得更用心。

我的题目大概叫"秦汉时期隶书形体的演变"，准确名称，已经忘了，正由吴老师指导。

有段时间，只要有空，我就到他家里去。去他家不需要预约，因为他不在教室就在家里，要不，就在往返两点的路上。

他给我开出一份书单，战国、两汉时期的简牍书。他督促得严格，我也就不怎么偷懒，只要图书馆有，《居延汉简》诸如此类，按图索骥，装模作样读一遍。

读书心得要汇报，假如我注意到的材料，都是他原先读过的，他就一直微笑，不说话。这意思我懂，他在说我不够用心。当我偶尔提出一条“新”材料，他才点头，开口说话。

那时候我忙着找工作、忙着玩，论文只是“急就章”。吴老师述而不作，极少写文章，态度却很认真。有时候，我在他家，一两个小时，就能炮制好几千字。吴老师见了，啧啧称奇，说：还真没看出来，你竟有倚马可待的才情，比我厉害。

这也是批评的话，只是说得比较委婉。

论文做完，照例要评优秀论文。矮个子里挑个头稍高的，我的论文居然被选为优秀论文。

不料，吴老师坚决反对，所持的理由大概是“用功不够、文字粗糙”之类的话。用功不够，指该读的书远未穷尽；文字粗糙，指叙述粗疏而啰唆。

这段时间的接触，让我看到了更全面的吴老师。他的书法，在闽南极有名声。厦门的公园、企业、商店，多有邀请他题字、题写匾额的。有一次，他为厦门某公园题字，好像就四个字，他反复写，稿纸铺了满满一地，非得让我提意见不可。

吴老师是个耐心而负责的人。

大学二年级时，我请吴老师写过一幅字。他稍作思考，写了“高瞻远瞩”四字，上款为“郑嘉励棠棣雅正”。这幅字，我曾经挂在芙蓉四的宿舍楼里。他说，很多同学心思浮躁，既想读书，又想升官发财。大学四年，我正是这样的，心想反正将来不会干考古——说目标是“升官发财”还算是美化自己，其实是生活毫无规划，学习全无目标。

吴老师写字，基本上不来这样的俗套。现在想来，“高瞻远瞩”大概是规劝之词。

毕业前夕，我又拿了宣纸，请他写字。这一回，他写王昌龄的诗，

“寒雨连江夜入吴，平明送客楚山孤。洛阳亲友如相问，一片冰心在玉壶”，是我喜欢的草书。这幅字长期挂在我家的墙壁上，今已泛黄。

毕业前一个月，吴老师说他怀疑今本《淳化阁帖》署名王献之的《冠军帖》，非王献之作品，应为米芾伪作。他希望我注意这个问题，将来写篇文章，末了，照例给我很多材料。

1995 年 7 月，我离开厦门大学，进入浙江省文物考古研究所工作。我们从此不见面，但通过好几回书信，主要是请教《冠军帖》的问题。大概在 1996 年，我草拟成一篇文章，用方格纸誊写，寄给吴老师。

他回信了，稿纸中的朱批，密密麻麻，还额外提了一条意见，说我誊写稿纸，前几页还算工整，后头越来越懈怠，最后竟至于完全走样。他说唐人写经，明清馆阁体书写，抄写成千上万个字，从第一个字开始，到最后一个字，无一字走样，无一笔懈怠，不是说一定要欣赏这种书法，而是要学习这种态度。

后来，我奔波于考古工地，也离开了旧日的朋友。练习书法，需要有个相对固定的群体，一个人很难坚持，再后来又自觉天资一般，就更加不写了。至于《冠军帖》的文章，以为与专业无涉，这类杂文，做它作甚?

我的“书法生涯”从此终结，只是偶尔读帖的时候，眼前常常浮现出吴老师的音容笑貌。他于“宋四家”中推崇米芾，认为米书用笔的丰富程度，是宋人中最高明的。有一次，他在我面前临写《苕溪诗帖》，以一管毛笔，示范米芾书法线条变化的无限可能性。最后他说，初学者不宜学米，容易走偏。

我现在回忆往事，只是觉得当年的想法过于功利。如果有可能，我应该只为自己做点有兴趣的事，至少把那篇未完成的《冠军帖》文章做完。其实，吴老师更推崇怀素，尤其是王羲之，他都用毛笔，一一演示过。

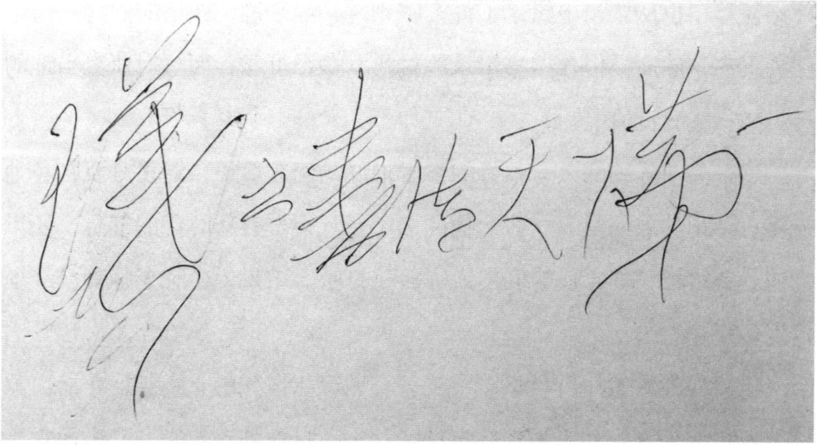

• “王羲之书法天下第一”，这是吴孙权先生留在人世最后的笔迹。至大苦痛，至生离别，他牵挂的还是与之相伴一生的字——汉字，中国书法。

吴老师去世后，厦门大学出版社出版了两册《吴孙权书法艺术》，内里附有几张书签，其中一张是他的硬笔字“王羲之书法天下第一”。

这是他的临终绝笔。那时候，吴老师已不能开口说话，奋力索来一杆笔，用尽生命中的最后一点气力，留下人生中的最后一句话。这句话竟然是——王羲之书法天下第一。

吴老师，就是这样纯粹的人。

二　陈纬先生

陈纬先生，是乐清县文物馆（今乐清市博物馆）的工作人员，我从未见过他。

2009 年，因为“第三次全国文物普查”的验收工作，逗留乐清期间，读到陈纬编注《乐清历代碑志选》。该书著录乐清出土的历代墓志碑刻甚夥，也从族谱中辑录了许多碑刻。一般来说，族谱的内容，通常良莠不齐，然而，但凡该书辑录的材料，多很可靠，而且对研究当地的历史文物颇有价值。

这个名叫陈纬的人有很好的学术根底与问题意识，这正是我在各地最愿意结识的那一类人。我念他的名字，觉得挺有新时代的气息，还以为他是20世纪70年代的同龄人呢。一打听，结果说，陈老师都已经退休好多年了。

乐清的考古工作机会不多，我一直无缘认识陈纬。去年，乐清白象镇要发掘一处五代北宋的青瓷窑址，我毛遂自荐到这边来，一方面是工作需要，另一方面则是出于私心，想结识陈纬。

到乐清第一件事，就是打听他的消息，得到的回答，不啻一记闷棍。朋友说：陈老师于2012年逝世，享年70岁，人是见不到了，不过有两本书，你拿去看吧，一本是他校注的《道光乐清县志》，另一本是小品文章集《说碑论事》。

《道光乐清县志》是古籍整理成果，这类工作通常更考验作者的基本功与情商，却不容易看出一个人的才华。我只能说，但凡陈纬出注的地方，必定持之有故，且有助于读者深入理解该条记载的历史背景。

《说碑论事》围绕乐清境内的十几通古代碑刻，讲了十几个有趣味、有意味的掌故。谈掌故者，大概也不能算真正的学问，但这些故事颇能以小见大，以几个典型片段，勾勒出乐清的千年历史。显然，这些素材经过精心的遴选与编排。也许还有一点值得一提，该书文字简洁生动，不蔓不枝，是很见功力的小册子。

我在乐清白象镇考古时，偶尔有领导、同行前来探班。当我介绍完考古工作情况，末了，总要提及陈纬先生，且深以未曾亲聆教诲为恨。

乐清文化局陈绍鲁局长，见我口口声声陈纬长、陈纬短的，起初以为我是陈纬的老朋友。陈局长说，说起陈纬，真是一言难尽，他真是个人才啊。陈纬先生“打小铁”出身，也就是北方人所谓的“小炉匠”，因为吹得一口好笛子，被特招进乐清杂技团。他喜欢笛子，更喜欢读书，后来又转到文物馆搞文物工作，直至退休。小炉匠、笛子演奏员、文物考古者，三个风马牛不相及的职业，也许是有共性的，都特别需要细心认真——补锅补脸盆不能放过一丝漏缝，笛子不能吹错一个音符，至于文物考古，更容不得半点马虎。

“陈纬先生的认真和细心，远近闻名，他用钢笔写稿，工工整整，哪怕一个标点也不涂改，写错一个字，就宁可整页重新抄过。《道光乐清县志》校注本，书稿凡 70 余万言，数易其稿，居然没有一处留下涂改痕迹，”陈局长继续说，“哎，对了，陈纬有本新书刚刚出版，你若是没有，我给你寄来。”

前段时间，我果然收到自乐清寄来的新书《石塘山居杂文》。每晚睡前读个把小时，未几，通读一过。

该书由“征信编”与“人物编”两部分组成，前者是研究乐清文物古迹的文章结集，后者是研究乐清历史人物及其相关史迹的汇编，收录杂文 50 余篇。

说是杂文，多数篇章其实又是颇见匠心的学术论文，比如《王十朋遗迹钩沉》。王十朋是乐清的南宋乡贤，该文系统研究王十朋存世的文物史迹，如王十朋“桂岩”摩崖的确认、台北“故宫博物院”收藏王十朋书札《宠示帖》真伪的考证、对王十朋墓的历史维修状况及墓园形制的变迁，均提出独到的见解，不尚空言，言必有据。

王十朋一生，科场坎坷，在绍兴二十七年（1157）高中状元之前，曾先后六次上京赴试。每次从家乡乐清四都出发，奔赴临安府，沿途留下许多诗篇。通过诗篇，可以勾勒出南宋前期温州与台州之间官路驿道的路线与变迁。对当代人来说，以古诗词讨论具体的历史问题不是一件容易的事，除了特别熟悉本土地理人文外，更要有很好的文本阅读、分析能力。陈纬在文章中表现出来的水准，令人赞赏。

更可贵的是，作为地方文物工作者，陈纬的文字不掉书袋，不是坐在书斋里光凭翻资料所能整出来的，他的成果多数建立在田野调查的基础上。

万桥，是五跨五窦的石拱桥，地处乐清湾古江河入海口，肇建于北宋元祐年间。陈纬通过调查，证实该桥墩基上，曾经种殖牡蛎，并引用永乐《乐清县志》的记载，说明建造万桥时曾经效法泉州的洛阳桥，引进抛石筑堤、筏形桥基、种蛎固基的工艺技术，让今人看到了北宋时期闽浙沿海地区造桥技术交流的具体案例。对此有兴趣的，可以参看《石塘山居杂文》中的《千古宏构论万桥》。

牌坊，作为立面式的建筑，三开间的牌坊也就是一字排开的四条腿，马步扎得再好，也不及“三足鼎立”稳当。那么，为何有数量众多的明清牌坊，历经数百年的风雨，至今屹立不倒？我曾对此困惑，读过《明“潜昭”坊遗址调查》始有所悟。1997 年，乐清县城南大街路面翻建时，曾经发现一明代牌坊柱基址。陈纬考察施工现场，记下坊表的基础构造：一、立柱插入土中较深，约占全柱长度的四分之一，即柱径的三到四倍；二、立柱后，置条石斜撑，填入沙土灰混合土夯实，上安斗板石，再上设基座、施抱鼓，使牌坊纵向固定；三、为解决地基的沉降问题，地基先以成排的木桩（地钉）插入土中以增强淤泥层的抗压强度，地钉上置边长七八十公分的方形柱顶石（础石），顶石上置柱，把牌坊的垂直承重，扩大分布于地下，使点的重量，分解为面的均摊负荷，从而确保石牌坊屹立不倒——读到这里，我的眼前浮现出一位老人的形象，在车水马龙的街头，细心记录着公路施工队解剖牌坊柱时的每个细节，这是一个怎样的有心人呵！

类似例子，在书中俯拾皆是。乐清县治的东塔与西塔，是乐清的历史文化地标，二塔始建年代相当，东塔至今矗立，而西塔早在元代即已倒塌，何故？明代磐石卫城、蒲岐所城的基址状况如何？从磐石卫城基址内出土的木桩，如何解读明初建造卫所城时被抽派壮丁的负担与苦难？他通过实地考察，均能给出令人信服的答案。

《石塘山居杂文》是陈纬先生的遗作，石塘山居是他的斋号，书名与篇目，均由他生前所定。可惜他走得匆忙，未及亲见这本书的出版。

三　牟永抗先生

2017年2月10日，牟永抗先生因病去世。虽然早有心理准备，但消息传来，我仍不免伤感。

• 牟永抗先生（1933—2017），生前为浙江省文物考古研究所研究员，是浙江省考古事业的开创者之一，长期从事田野考古调查、发掘与研究，对浙江史前考古学文化区系类型的建立、中国史前玉器及中国文明起源的研究，以及浙江瓷窑址考古的探索，贡献巨大。其一生学术成果，浓缩于2009年出版的《牟永抗考古学文集》。

4年前，浙江省文物考古研究所举办“牟永抗先生从事考古工作60周年座谈会”。大家对牟先生的考古生涯、学术成就，各抒己见。我在会上也有个简短发言，今天根据记忆，将当时的发言记录下来，以表达对先生的缅怀之情。

牟永抗先生的成就，主要在于浙江史前考古领域一系列开拓性的成果，此为业界周知。我要说的是，牟先生的考古实践以及他杰出的观察力与思考力，对我——一个从事历史晚段考古的人的思想启迪。

我读《牟永抗考古学文集》（科学出版社，2009年），对两篇瓷窑址考古研究的文章印象深刻。

一是《南宋官窑的发现和研究（续议）》，关于杭州老虎洞窑址出土遗迹的分析和瓷器工艺的观察。细致观察考古发掘的遗迹、遗物，在观察中发现问题、提出问题、解决问题，最后将具体问题的讨论，有意识地逐步升华到方法论的层次。这是“牟式”学术的重要特征。

《南宋官窑的发现和研究（续议）》体现了这种学术模式，尽管面对的是宋元时期的文物。他观察瓷器，角度独特，眼光敏锐，深入到原料配方、拉坯、施釉、装烧、废品掩埋方式等每个有意味的细节。大凡支钉多少，器足刮釉方式，釉层厚薄及层数，每每在别人不留意的地方，提出尖锐的问题。他研究宋元瓷器，恪守经典考古学家的“家法”，对历史文献有着近乎本能的怀疑，只专注于地层、遗迹、器物本身的观察与分析。尽管文章的结论，我未必同意，但我必须承认，他从观察遗迹、遗物出发，曲径通幽，提出了许多重要的、不容回避的问题——这与牟先生研究良渚玉器、史前陶器的方法一脉相承——他是真正做到了一切从“物”出发的纯正的田野考古学家，并以考古学家的姿态，对南宋官窑研究提出了只属于考古学家才能贡献的问题与方法。我相信，这篇文章以及他与任世龙先生早年在浙江瓷窑址考古实践中的方法论意义，将来一定会被更多人认同。当然，如果他的文笔不那么弯绕、枝蔓，就更好了。

另一篇文章是《江山县峡口三井（卿）口碗厂调查散记》。1979年紧水滩水库建设，牟先生在浙南山区发掘龙泉窑遗址，面对着考古揭露的窑炉、作坊遗迹，古人如何组织生产？产品如何销售？窑工如何生活？许多问题油然而生，但都无法解决。当时，衢州江山县的三卿口碗窑，还以传统方式生产瓷器。牟先生自发前往实地调查，将瓷器生产、装烧、出窑、包装、销售，一一记录。更难得的是，他综合各种口碑调查，记录下1949年以前碗窑的生产经营方式，条理明晰，巨细靡遗。

这种做法与当今时髦的“历史人类学”非常接近。但我们知道，那是在30多年前的1979年，牟先生这一代人可能根本没有听说过“历史人类学”的概念，多数的基层考古工作者恐怕完全没有那样的问题意识。而他已经开始从事那么“前卫”“先锋”的实践了，并留下了令人信服的文本。

牟先生调查三卿口，不为时髦，当时也不知“时髦”为何物，只为解决田野考古实践中遇到的具体问题。这说明他是个善于在田野中思考、发现、解决问题的人。

两篇文章如今少有人提及，但它集中展现的扎根于田野的观察力、思考力、执行力，值得做历史考古的人揣摩、学习。

以上文字，大概就是我当年的发言内容，整理出来，与朋友分享——想一想，牟先生的考古生涯，留给我们，留给浙江考古界一笔怎样的财富？

接下来，再说点我个人对牟先生的印象。他是台州黄岩人，我是玉环人，方言相通，他常常称呼我为“小老乡”。牟先生思维活跃，对许多事物都有独到见解，他也不是那种四平八稳的老好人，勤于思考，也勇于表达，批评看不惯的人事，常常不留余地。但他对年轻人比较宽容，向来以鼓励为主。

牟先生是纯正的考古学家，强调考古学的学科本位，坚守从遗迹、遗物出发的原则，对历史文献有较强的戒备心理，该思维方式也表现在《“断发纹身”小议》等许多文章中。他的坚守当然有其合理性，建设浙江先秦、汉晋历史，能有多少可靠的、具体的传世文献？就是重建浙江青瓷史，也应该以考古资料为基础。不过，面对浙江唐代以后的考古与文物，情况可能稍有不同。

我是有强烈“史学情结”的人，平常也不掩饰自己的史学趣味，牟先生当然知道我们之间的旨趣异同。我常常听到他批评某些人，甚至某些大学者的做法偏离了考古学的正确方向，也担心他骂我搞的那套东西根本就不算考古学。但是，他从未在公开场合批评我。

我知道，这是他对我，一个同乡晚辈的宽容与爱护。是的，是宽容。私底下，他经常提醒我应该在田野上多下功夫，妥善处理实物与文献之间的平衡关系。去年，单位年终业务汇报，我的报告《嘉兴子城遗址的考古调查》，先是罗列一大通历史文献，《全宋文》、地方志、舆图……然后，再介绍考古调查的收获。

会上，牟先生未有异议。会后，他找上我，说，“小郑，我们做考古的，应该先把遗迹、遗物搞清楚了，再来结合文献，而不能颠倒过来。”

在于他，这是关乎学科定位的原则问题；在于我，因为没有特别强烈的“学科纯洁性”追求，这问题可大可小。如果换作他的同辈人，他可能早就开骂了。我是他的同乡晚辈，他选择了宽容，选择耐心等待我的成长。

至于具体的学术趣味，牟先生与我是有区别的。如何处理文献与考古的关系，是历史时期考古最大的理论问题。我认为，文献与考古本来就不是一个语境的东西，有矛盾、有冲突是常态，原本就不该做生硬的牵合附会；考古与文献，都是历史的片段，不必非此即彼。从事具体的历史晚段考古，文献准备是基本要求，算是大处着眼；具体研究时，保持考古材料的独立性，算是小处入手。但是，牟先生的批评依然掷地有声，我们既然站在田野考古第一线，首要任务就是处理好遗迹与遗物的关系，这是别人无法替代的劳动，至于书斋案头的文献准备，相对来说，确是第二位的。

在我看来，牟先生是浙江考古事业最重要的、全面的开拓者之一。而我最大的职业理想，正是希望将来在自己告别职业生涯之际，也能被人认为是浙江考古某个领域的开拓者。我认为，这是对一个人职业生涯最高的褒奖。

有年轻朋友在纪念牟先生时，说他是个温和的谦谦君子。我说，牟先生只是对晚辈宽容，对行业内的不良风气、对同辈学人的不思进取，批评极其严厉。牟先生是有个性、有批判精神的人，在浙江考古界，犹如鲁迅先生一般的存在，而非周作人这样的“谦谦君子”。周作人固然很了不起，但是类似的文人，在中国文化传统中并不缺少。而鲁迅是唯一的，在中国是不可替代的，少了他，中国文学史就少了一大块。

而今，他走了。泰山其颓乎，哲人其萎乎。呜呼！

代后记　考古者说

一

我的故事不可能像哥伦布驶向新大陆那般曲折动人，若写成“起居录”格式的流水账吧，我又不是旧时的帝王、当下的明星。然而，我常有动笔的念头，这冲动来自外界的刺激。试举一例，2005 年为配合浙赣铁路电气化改造工程，我在浙江龙游县湖镇寺底袁村发掘古代墓地，当地记者来采访，对发掘成果的介绍，并不十分在意，问题全是挖出了何种宝贝，哪件文物最贵、值多少钱，等等。我说，配合基本建设的考古发掘是抢救祖国的文化遗产，考古工作是为了还原古代社会生产、生活的种种细节。

这是实话，但朋友以为我只是个大话连篇的家伙，追问“到底值多少钱”。我只好如是作答，“我又不是做买卖的”。朋友觉得无趣，翻看我的工作笔记，平常的手写，我经常会写繁体字，这是书法爱好者常见的习惯，无所谓好坏对错。第二天，报纸出来了，说在龙游发掘的考古工作者，年纪并不很大，却一手繁体字。言下之意，考古之人，入戏太深，已与时代脱节，不知今夕何夕。

这件事说明了公众对考古工作常见的几种误解：一、考古是挖宝的；二、考古人近于古董商，至少对市场行情有相当了解；三、考古人是老气的，至少与时尚相当隔膜。

我终于决定写些闲杂的文字，希望读者明白这只是误会。

二

我念高中时，是 20 世纪八九十年代之交。跟今天一样，文史哲及考古专业并非热门，据说是不挣钱——事实确实如此。我母亲希望我读金融或者法律之类的专业，今天，她依然作如是观。

我的成绩还行，否则念不了考古学专业。当时，国内设有考古专业的大学不多，通常就是顶尖的几所综合性大学。这不是“我的朋友胡适之”，事实如此。

高中时代，我的数理化成绩也不太坏，却依然选择文科，只能认为我对文史确有兴趣。但我对考古并无了解，听说过的考古学家，只有发现北京人头盖骨的裴文中一人，教科书有载。我更崇拜鲁迅先生，以为世界上简直不会再有比《故乡》《阿Q正传》更好的文章了，这也出自教科书。

我的大学志愿全是历史学，为照顾母亲的意见，可能也填了金融等热门专业。后来知道，凡填了冷门的，多半会被录取，热门不缺人，冷门难得有主动送上来的，当然优先考虑。我现在想，假如当年听母亲的话，今天会不会在外企公司里上班？

但结果被厦门大学考古专业录取，却是此前不曾想到的。老师安慰说，考古与史学是兄弟学科，其实，现代考古学尤其是史前考古，与扎根文献的传统史学很不相同。

大学里的考古专业课，大概按时代先后编排，先教旧石器，然后依次为新石器、商周、秦汉直至宋元考古，明清两代距今不远，一般不作为考古的对象。课堂上，听到的不是元谋人，就是北京人，不是夹砂红陶，就是泥质灰陶，动辄距今几万年。如此专门的学问，对一位毫无准备的学生，是无趣的。我至今对石器时代兴趣索然，可能是当年被吓着了。

随后的课程，也只是随兴听一些，懈怠的原因是兴趣不在。而古文字学、古文献学等非主流的选修课，反而更用心。当时，学习比我刻苦的同学不在少数，奇怪的是，用功的同学后来反而大多改行了。

现在想来，我对考古并非一味排斥，只是不得其门而入，便不能发现其中的趣味。

三

我对考古的兴趣萌发于考古实习期间。大学三年级，我去江西樟树、四川万县（今重庆万州）实习，在樟树发掘一处商代遗址，在万县抢救一批即将被三峡水库淹没的汉六朝墓葬。

考古学科实践性强，好比跟人介绍唐代瓷器的特征，口说无凭，讲得天花乱坠，别人也不明白。若让学生面对实物，上手观摩，辅以指点，只要不太过愚顽，就容易有所认识，倘若能长期坚持，成为某门类文物的鉴定家，亦未可知。欧阳修笔下的卖油翁将油从铜钱穿过而钱孔不湿，“此无他，惟手熟耳”，这个例子可能不太妥当，但说明实践是最重要的学习——就文物鉴定而言，实践尤其重要。很多人推崇大单位里的老头，就因为他们东西见得多，至于他们写过什么好文章，做过什么好研究，真是乏善可陈。我们推崇别人，通常只是推崇他的位置而已，换了别人，只要不太笨，坐在那个位置上，熬几十年，或许也能熬成“专家”。专家为养家糊口，到处走穴，合情合理，只是希望他们不要倒打一耙，反过来指责做学问的人是书呆子。

我在实习中的收获，不限于对坛坛罐罐的直观认识，重要的是明白了考古工作的方法。课堂上的道理，过去不明白，在工地上竟能豁然明晰起来。田野工作最大的好处，就是付出就有收获，而且总能遇到新鲜的人事。有一次，我在老乡家醉了酒，被同学搀扶回驻地，一脚踩空，三四人齐齐跌进水沟，回想起来不以为难堪，反觉得有趣。

考古实习是一道分水岭。考古本来就要跑乡下野外。适应农村生活的同学，留下来，不适应的，改行。这不奇怪，同样的事，有人喜欢，就有人不喜欢。

我本来就来自农村，属于对考古萌发了兴趣的那一部分——或者也不叫兴趣，只是不太排斥而已。

四

1995年，我进入浙江省文物考古研究所，成为职业的考古工作者，直至今天。当时，求职已不容易，我的同学就有想跻身文博系统而未能如愿的。我也是“一颗红心，两种准备”，不能进考古所，就回老家给领导当秘书。如果我走了“从政”的道路，当不当官不知道，也许不会像现在这样的胡说八道。人生，是刹那的因缘际会。

考古工作，要坚持在野外第一线。农村的物质条件不及都市，不免风吹日晒，也不免手拿锄头面朝黄土，有时的确是辛苦的。但“辛苦”与“幸福”的标准，又是唯心的，有人在农村待几年，回来写文章说辛苦死了，农民在乡下待一辈子也不写文章。而且“辛苦”通常是经历中的感受，一旦过去，回忆起来便不觉得真苦。退一万步言，任何工作都有各自的难处，觥筹交错与田园劳作相比，孰更累人？恐怕也见仁见智。只要不对物质有过高的欲求，一份衣食无忧的工作，且为个人兴趣所系，大概也能接受。

这听上去似乎像假话，但曾经有一段时光，我真是这么想的，从不觉得考古工作有多苦。而今人到中年，上有老，下有小，事务繁冗，又要东奔西跑，才感觉工作辛苦、人生辛苦——这也算“中年危机”的一种吧。曾经信奉的价值、意义，面临重新洗牌——这不是考古人特有的精神危机，任何职业、任何人都要面对，如果对事业并不出于真正热爱，那么始终保持激情，绝非易事。

道理简单，践行不易。保持工作激情，需要好心态，也需要些许闲情逸致。有一次我在浙南某地考古调查，头顶烈日翻山越岭。路上不时有老乡热心指路，举步维艰之时，忽然看到路旁的一座路亭，附近恰好又有一口水井，一泓清泉正汩汩而出，就不由得让人感慨无处不在的人间温情。类似事例，所在皆有，只存乎有心人的发现，我并不觉得这样的跋涉有多辛苦。生活的本质，大同小异，看生活的角度，人人不同。但愿我能早日走出中年危机，重新唤回工作激情。

考古人在根本上毕竟是读书人，但与伏案书斋的书生不同，是手拿锄头“动手动脚找东西”的书生。家母揶揄说，读这么多年书，还不是跟她一样，照样拿锄头。

既是书生，就不免读书。我每到一地，必读当地的旧县志，了解当地的文物古迹，只要条件允许，总会抽身去看。为了考古的发现，更不免读点相关书籍，每有会意，便欣然忘食。古人所谓“读万卷书，行万里路”，是一种非常理想的生活状态。在我心情好的时候，我自以为过的就是这样的生活。

我之所以不避自伐之嫌，以身说法，无非想说，我走上今天的工作岗位，多半因了命运的因缘际会，小半因了少年时期的兴趣，和今天多数大学生的求职并无不同。考古职业也与其他行业一样，大浪淘沙，爱者自爱之，厌者自厌之，有人坚守，有人跳槽，这样的故事每天发生。

我始终工作在考古第一线，或许是因为喜欢，或许是因为长期专意于此，再也做不了别的。当然，每个人的发展，都有多种可能性。我有个学长，改行到大学里当教授，讲授“中国茶文化”。我说，“你真厉害，连‘茶文化’这么高级的学问都懂。”

学长说，“哈哈，我们连田野考古都做得了，试问天下还有什么工作无法胜任呢？”

五

我到浙江省文物考古研究所，至今已足 22 年。先是做史前考古，发掘良渚墓地、河姆渡遗址，这是一个考古专业毕业生的自然选择，所谓“古不考三代以下”嘛。

1998年前后，我意识到个人兴趣可能在历史时期，于是决心改换跑道，从事瓷窑址考古。浙江是青瓷故乡，越窑、龙泉窑天下闻名，除此，似乎别无选择。

那是1997年下半年，我的同事黎毓馨兄与我在温州文成县的乡下。他与我聊阅读《汉书》的心得和当年求学宿白先生门下的经历——关于如何读书、取舍材料、为何“孤证不立”、为何要读书行路——这是我此前很少听过的话，竟然深深吸引了我。

当时我买过孙机先生的《寻常的精致》《汉代物质文化资料图说》，黎毓馨与我在乡下朝夕讨论，我们有许多共同的话题。这是在“气质”上与我天然相通的东西，我后来的选择，貌似偶然，其实是听从内心的召唤。

2005年，我认为像瓷窑址考古这样太过专门的领域，可能并不符合我的天性，于是又开始关注浙江宋代墓葬和城市，并兼及更广阔的田野调查，每到一地，寻古墓、探矿洞、看老房子、访墓志碑刻、查阅方志族谱，诸如此类。

也许我的趣味在单位同事中稍显“另类”。或问：“为什么你总是与众不同？”坦率地说，我也不清楚，只知道自己面临选择，时常感觉焦虑和挣扎。后来，我读余英时《朱熹的历史世界》，始有所悟。书中说，人生就是“寻找自我”的过程，前路漫漫，荆棘密布，而实现自我的最终标志就是找到愿意为之终生奉献的志业，这也是人生意义之所在。当然，我远达不到这个境界，可以确信的是，我会在这条“寻找自我”的道路上继续追寻，至死方休。

回头看来，那些年的挣扎貌似蠢动，而内在的心路历程，犹历历可数。我是以迂回的方式，竭力回到青少年时期的志趣——以田野考古的方式做史学。相对于其他议题，墓葬和城市考古更容易与广阔的史学议题对接，退一步想，如果没有史学情结，我怎么可能会去抄录墓志呢？——我的大学志愿，全是历史学，而青少年时期的志趣，才是更加本质的“自我”。只是少年时期的理想，后来被我渐渐遗忘了，丢弃在沉睡的梦乡。如今我要努力把它寻找回来。对了，有句烂俗的话叫作“不忘初心”，好像就是这个意思。

六

后来，我在杭州的报刊上写专栏，试图将田野、读书、考古、历史、个人情感、生活体验整合起来，煮一锅文字。这种写作模式，起初并不成熟，但目标很明确，就是企图建立起考古工作者与公众之间情感、趣味、思想的连接。考古作为一门人文学科，只有知识的传播是不够的，还需要以情感打动人，并予人以趣味的共鸣、思想的启迪，这才是更加有效的传播。

写得多了，逐渐得到了一些朋友的认同或质疑。

我经常听到的问题是：“为什么你的写作，在题材、趣味上，与惯常的‘公众考古’如此不同？”

表面上看，我的文章多数是“个人视角”的个性文字，有的篇目出以“科普”的面貌，甚至有点稀薄的“学术性”，而内里都是文艺性的，是第一人称的观察或抒情遣怀。借考古的酒杯，浇个人的块垒，倾诉我对历史、学术、现实、生活、人情世故的种种看法——是的，我依然是用自己的方式，努力回归青少年时期的志趣，至少有些篇目，是在向鲁迅先生致敬，先生是我少年时期的偶像。在更深的层面，文章的个性，来自我对考古、对人生的独特思考。我们每个人都努力赋予自己的工作和生活以各种各样的“意义”，所谓“王婆卖瓜”，做文艺批评的说务虚思考很重要，手艺人说务实的“匠人精神”才真正可贵。同理，考古工作者也会努力赋予本学科以各种各样的意义。人生的意义是自己赋予的，我们乐于听到阿谀奉承的话，而听闻批评意见则会懊恼愤怒，就因为前者不断强化我们的人生价值，而后者则会消解我们多年以来苦心经营的信念。

考古工作给予我一份稳定的收入，即“安身”之本；学术给予我意义感和充实感，即“立命”之本。我是一名考古工作者，考古是我的安身立命之本。

多数的“公众考古”写作，通常秉承这样的思路，以文字不断强化考古科学的趣味和价值，甚至不惜赋予它近乎宗教般神圣、崇高的意义。

自然，我也有“考古本位”的意识，以“后现代”的方式消解学科价值，对我并无好处。再说我们的“现代化”都还需要补课，也不配谈什么“后现代”。不过，我们强调自身的立场，也要同时兼顾“他者”的视角，这种自觉的“反省”意识，同样来自我的生活经历。

我们认为考古很重要，那没问题。但在他人看来，恐怕就不那么简单，家母坚持认为考古是吃饱了撑着的行当。我认为良渚陶器的分期编年有必要做，而我的乡亲们恐怕一辈子都不会考虑这个问题。他们对此有不同的看法，这不是一个人，而是一群人。对多数人而言，我们的事业的“意义”并非先验存在，而需要我们做出有力的回答，至少先有平等的沟通。当我们的文字兼及“本位”和“他者”两种不同的立场，就有可能包含了思想、趣味、观点的冲突因素，才有可能赋予文字内在的情感张力和情绪色彩。而有情绪、有情感、有冲突的文字，才有可能是好看的文字。

他们还说，“考古，不能吃，不能穿，有什么用？”——这是个粗鲁的问题，也是个深刻的问题，我愿意带着这个问题继续求索。

鸣 谢

我要把各位师长、朋友的名字记在这里，因为他们的帮助，才有这本小书的文字与图片。他们是：

刘建安、沈晓文、李晖达、王宣艳、王婷、李月红、韩斌、周华诚、潘宁、马黎（杭州），张良、赵安如（黄岩），楼泽鸣（萧山），张谦（嘉兴），陈化成（庆元），周建初、徐超（海宁），邵路程（武义），郑加彬（玉环），吴志标、梁晓华（丽水），刘未、王聪（北京），黄琳（上海）。

谢谢大家！

郑嘉励识

图书在版编目（CIP）数据

考古四记 ：田野中的历史人生 / 郑嘉励著. -- 成都 ：四川人民出版社，2018.1
ISBN 978-7-220-10438-1

Ⅰ. ①考… Ⅱ. ①郑… Ⅲ. ①考古工作－中国－文集 Ⅳ. ①K870.4-53

中国版本图书馆CIP数据核字(2017)第256744号

KAOGU SIJI：TIANYE ZHONGDE LISHI RENSHENG
考古四记：田野中的历史人生
郑嘉励/著

责任编辑	吴焕姣　杨雨霏
责任校对	袁晓红　申婷婷
责任印制	王　俊
出版发行	四川人民出版社（成都槐树街 2 号）
网　　址	http://www.scpph.com
E-mail	scrmcbs@sina.com
新浪微博	@四川人民出版社
微信公众号	四川人民出版社
发行部业务电话	（028）86259624　86259453
防盗版举报电话	（028）86259624
印　　刷	鸿博昊天科技有限公司
成品尺寸	155mm×230mm
印　　张	18.75
字　　数	250 千
版　　次	2018 年 1 月第 1 版
印　　次	2018 年 1 月第 1 次
书　　号	ISBN 978-7-220-10438-1
定　　价	48.00 元